モノづくり中部
技術・技能自慢

2021年版

日刊工業新聞特別取材班 編

日刊工業新聞社

■刊行にあたって

2020年は〝コロナ〟で明け〝コロナ〟で暮れた一年だった。新型コロナウイルス感染症は世界に広がり、パンデミックと化しいまだ終息の気配はない。日本においても20年1月15日に最初の感染者が確認され、4月には緊急事態宣言が発令され経済活動は大幅に停滞した。さらに年明けの1月には再度の緊急事態宣言が発令されたのは記憶に新しいところである。このコロナ禍は経済や金融をはじめ社会生活全般に大きな影響を与えた。リモートワークや時差出勤など、働き方も大きく変わろうとしている。

そんな中でも日本の製造業は生産・出荷・輸出とも大幅に低下したが20年後半からは自動車産業を中心に持ち直しの動きが顕著になった。リーマンショック時のようなサプライチェーンの毀損もなかった。コロナ禍によって壊滅的な打撃を受けた飲食業、旅行業、サービス業と比べ影響は比較的マイルドだったかもしれない。

改めて述べるまでもなく、中部圏は屈指のモノづくり集積地である。中部圏の域内総生産は全国の12％内外のシェアがあるが（愛知、三重、岐阜、石川、富山の5県）、製造品出荷額のシェアは22％を誇る。事業所数や従業員数、小売業年間販売額、卸売業年間販売額などはほぼ域内総生産と同レベルなので、いかにモノづくりが突出しているかが分かる。

中部5県の域内総生産は約74兆円だが、そのうち自動車産業が10％以上を占める。波及効果を含めると2倍以上のボリュームがあるとされる。自動車産業への依存度が高いエリアだが、その自動車産業は「100年に一度の大変革期」を迎えている。そのキーワードは「C（つながる）A（自動化）S（シェアリング・サービス）E（電動化）」だ。インターネットでつながり、自動運転できる電気自動車をシェアリングやサービスとして利用するという考え方だ。とくに中部圏の自動車関連サプライヤーが関心を持っているのが「電動化」。ガソリン車の部品点数は2万点から3万点とされるが、電動車はエンジン部品やトランスミション部品などが不要になり、約1万1000点減少するという。サプライヤーにとっては死活問題であり、自動車産業が作り上げてきたネットワークが一変する可能性もある。

変化に直面しているのは自動車産業だけではない。IoT（モノのインターネット）やAI（人工知能）といったデジタル技術は製造業も対応すべき課題だ。その意味では製造業自体が100年に一度の大変革期を迎えている。このデジタル化に乗り遅れると脱落する可能性すらある。昨年来のコロナ禍はこの動きに拍車をかけることになろう。またIoT時代の到来は製造業のサービス化を加速している。IoTやAI技術を活用して〝サービス産業化〟しているメーカーも多い。有名な事例だが、米GE社は製品にセンサーを搭載し、故障や部品交換を予測するなど稼働の最適化を推進。「インダストリアル・インターネット」を提唱している。また、タイヤ大手の仏・ミシュランはトラックのエンジンとタイヤにセンサーを取り付け、実際の走行距離に基づいてタイヤのリース料金を課金する「tire as service」という新サービスを展開している。これら超大手企業ばかりではなく、中堅・中小企業も最新のデジタル技術を取り入れなければならない時期に来ている。

少子高齢化による慢性的な人手不足、激化する国際競争、短納期や小ロット生産の常態化など、モノづくり企業を取り巻く環境は厳しさを増している。モノづくり産業の一大集積地という最大の強みを生かして、その強みにいっそう磨きをかけていかねばならない。それと並行して、これまで弱かったベンチャー企業の育成・強化によるイノベーションの活性化。この2つを両輪として取り組んでいくことで、厳しい競争に勝ち抜くことが可能になる。

しかしその具体的方策は業種によっても、各企業によってもまちまちだ。正解は必ずしも明確ではない。本書で取り上げた企業はいずれも、自前の技術・技能を持ち、厳しい闘いを勝ち抜いているところばかり。産業界の皆様には是非、手に取ってほしい。

２０２１年３月

日刊工業新聞社名古屋支社支社長

嶋崎　直

モノづくり中部　技術・技能自慢　２０２１年版　６２社

【目　次】

4 板金・プレス・製缶・溶接

5 熱処理・表面処理・メッキ

1

素形材

50年以上の鋳造用金型から試作品製作まで

株式会社前田技研

前田技研は50年にわたって鋳造用金型を完成車メーカー及びサプライヤーに供給してきた。創業より生砂鋳造金型をはじめ低圧鋳造、重力鋳造、ダイカスト、トリミングプレスなどの金型を手広く手掛ける。製品は自動車のエンジンや駆動、足回りなどの製品の中小物から大物まで多岐にわたる。自動車作りにおける工法検討、試作品製作、試作品評価、設備製作、金型製作（設計、加工、検査、組付け）、粗材加工、粗材評価までの一貫体制を敷いているのが特徴で、同社設立の3年前に発足した前田シェルサービス（愛知県岡崎市）と一体になりグループとして活動を進める。

●社是・企業理念

ミッション
　従業員の幸福実現
　お客様の期待を超える技術・サービスを常に提供し続ける事で、世の中を幸福にする
ビジョン
　日本一の品質、技術力、提案力を持つ会社になる
理念
　我々の社会的責任を達成する

代表取締役
前田　達宏 氏

大物試作部品に強み

鋳造用金型の減少傾向に対応するため、試作部品（鉄、アルミニウム、チタン、樹脂）の製作や鋳造部品の品質確認事業を新たに立ち上げ事業の柱を増やしてきた。試作部品を始めたのは2008年のリーマンショックの年。自動車の国内生産の減少、鋳造用金型の需要減を見越して、三井精機工業の5軸加工機を導入。これに続き13年には独HERMLEの5軸加工機C42U（可動サイズ直径800ミリメートル）を新設し、2台のマシンを活用して試作品事業を本格展開した。07年に機械発注し、08年のリーマンの年に機械が納入され、当初は仕事もなく苦労したが、現在では年間500種を超える案件がある。

試作品を手掛けるメーカーが増えており、他社との差別化を図るため1メートルを超す大物部品を社内で手がけるため、DMG森精機の大型5軸加工機（可動サイズ直径1600ミリメートル）や、各種3次元（3D）プリンターなどを設備。3Dプリンターは FDM方式と呼

5軸加工機を駆使して大物部品に対応

金型の高品質なメンテナンスが可能

ばれ、溶かした樹脂を押し出して成形し積層させる。前田技研は1メートル角の造形が可能な超大型機「BIGREP」を保有する。新事業として積層造形と削り出しを組み合わせた大物樹脂部品の試作を可能にした。顧客には単に試作品を供給するだけでなくVA・VE（価値分析・価値工学）提案まで行うのがセールスポイント。工法や納期短縮アイテムを提案し顧客の求める製品を納期内にスピーディーに提供するスピードが売りである。

従来の金型メンテナンスや鋳造製品の品質評価業務強化

鋳造用金型、試作部品に続く事業の柱が金型メンテナンスと鋳造部品の品質評価事業。顧客から預かった金型の摩耗修理や改造事業では、現在、独Ｖｉｓｉｏｎ社のレーザー溶接機（ドイツ製）が活躍。国内ではまだ数少ない装置で、必要な個所に絞って溶接し金型への熱ダメージを軽減する。繊細な溶接が可能でメンテナンスの品質向上にもつながる。年間240型の実績がある。さらに自社でめっき設備を保有し金型に無電解ニッケル・リンめっきを施し摩耗量を大幅に低減させた。品質改善を手掛ける事業では鋳造製品の試加工から内部欠陥の調査、製品やプロセスの評価試験まで幅広く顧客の要望に応じて対応する。

前田グループの技術力、開発力を磨き対外的にアピールする狙いから、毎週1回、若手から経営者が10人ほど出席してアイデア創出活動を行っている。商品化を前提にしたものではないが、2輪車の電動化や3Dプリンターの用途拡大などさまざまなアイデアが生まれている。同社は完成車メーカーとともに歩み成長してきた。自動車産業は100年に一度の大変革期を迎えている。「それでも自動車産業の発展に寄与してきた会社であり、モビリティ全体に寄与する技術を高めたい。それは今後も変わらない」と、方向性にまったくブレはない。

▶会社概要

創業年月：1968（昭和 43）年 1 月
所 在 地：愛知県岡崎市池金町字金山 76 − 4
電話 /FAX：0564-48-3584／0564-48-6960
資 本 金：2500 万円
従業員数：38 人
事業内容：鋳造用金型、ダイキャスト用金型、トリミングプレス用金型の設計・製造、試作部品の設計・製造

URL：https//www.maedauni.co.jp/maeda-giken

2 機械・装置

最適生産ラインを提案するFMSインテグラー

エバ工業株式会社

エバ工業はFMS（フレキシブル・生産システム）のシステムインテグラーとして60年を超える歴史を刻んできた。ユーザーが求める仕様に応じ、マシニングセンター（MC）などの工作機械に自社開発の立体パレットスタッカーやパレットプール、加工機用平面スタッカーなどを組み込み、最適な生産ラインの提供を通じて機械加工現場の無人化や省人化をサポートしている。「10年でも20年でも、お客様が安心して使っていただける機械装置を提供する」（中村研社長）という理念のもと、自動車や二輪車、航空機、金型など幅広い分野に製品を提供している。

●社是・企業理念

「強く　逞しく」

少しのことで歩みを止めず常に前進し新しい環境に対応していく。どのような環境にも左右されない雑草のような粘り強い力を持って、何事にも臨んでいく、という意味を含んでいます。

代表取締役社長
中村　研 氏

多品種少量向け、特殊仕様に対応する技術力

創業当初は板金、プレス、製缶業を主力としていた。FMSシステムインテグラーへの転機となったのは、1979年のMC用自動パレット交換装置の自社開発に始まる。それまで主力としていたエンジン加工専用機や搬送コンベヤー、チップコンベヤーなどの分野では、すでに大手や専業メーカーなど多くの競合がひしめいている状態で、価格や納期の面で厳しい競争に晒されていた。そこで目を付けたのがMC用自動パレット交換装置。同装置に関しては「当時からほとんどのものが工作機械メーカーの内製品で、専業メーカーは少ない。この分野でなら自社製品を前面に出し、いい勝負ができる」（同）との考えがあった。

製品づくりの考え方は一貫しており、量産品は追わない。「多品種少量生産向けや特殊仕様など、他

大型テーブルラウンドパレットプール

21面省スペース型立体パレットプール

社が難色を示すようなものに敢えて挑戦していきたい」（中村社長）という。ＦＭＳシステム以外にユニット単体での販売も行い、主力商品の一つでもあるＭＣ用パレットプールは多くの工作機械メーカーに供給しており、業界トップレベルのシェアを持つ。

人材教育にも力を入れ、特に溶接や組み立てに従事する社員の資格取得を積極的に支援している。特に溶接部門の従業員すべてが日本のＪＩＳ規格、米国溶接協会（ＡＷＳ）規格の認証に基づく溶接士の資格を有しており、技術レベルの高さを示している。

風力発電事業で新たな飛躍

生産拠点の本社工場とベトナム工場は、機械設備を共通化しており、どちらかの工場にトラブルがあった場合でも、一方がバックアップする体制としている。各工場は大型クレーンを備え、大型ワーク（加工物）対応の門型5面加工機をはじめ横中ぐり盤や複合旋盤、5軸加工機、門型研削盤などの最新設備が稼働している。ベトナム工場は鋳造と熱処理設備を備え、素材から溶接、熱処理、機械加工、塗装、組み立て、検査までの一貫生産体制を整えている。

ベトナム工場では風力発電機用大型部品の生産も手掛けており、ジェネレーター用ケースなどを米大手重電メーカーに納めている。工場出荷量のうち、米国向けで5割を占める風力発電機事業は、いまや同社にとって大きな収益の柱となっている。工場隣地に5000平方メートルの土地を取得済みで塗装、サンドブラスト、組み立てなどを行う新工場を建設予定。米国では今後も風力発電機の旺盛な需要が見込まれており、生産能力の増強とともに、加工物の大型化に対応できる体制を整える。需要拡大を追い風に新たな飛躍を目指す。

▶会社概要

創業年月：1953（昭和28）年6月
所在地：三重県員弁郡東員町瀬古泉339-1
電話/FAX：0594-86-1500／0594-86-1777
資本金：6000万
従業員数：630人（ベトナム・ハイフォン工場含む）
事業内容：マシニングセンター用自動パレット交換装置、ツール交換装置の設計・製造・販売、機械加工工場向けFMSシステムの提供、自動車部品、風力発電機部品の製造

URL：https://www.eba.co.jp/

多様な機器開発で困りごとを解決

オオクラエンジニアリング株式会社

「ここならなんとかしてくれると聞いて来た」。オオクラエンジニアリングには、さまざまな課題を抱えたユーザーが世にはない装置や機器の設計・製作の依頼に訪れる。美容院向けには髪をより早く乾かすためにヒーター部が駆動する固定式ドライヤーを開発した。大手商社の依頼で外食の釜飯用の釜にテフロン加工を施したこともある。「新たな開発案件が常にある」と大倉野重幸会長は話す。

大倉野会長は創業前に3社のメーカーに勤め、品質管理と工程管理、設計、経営管理を経験。1980年に39歳で創業した。会社員時代に付き合いがあった商社からいろん

代表取締役会長
大倉野　重幸 氏

●社是・企業理念

私達の会社は、貴方の、貴社の発想、考えを創造する会社です。

な開発を頼まれ、次々と難題に対処する中でモノづくりの幅広い知見を獲得した。「経験により問題解決の引き出しがたくさんある」と大倉野会長は自社の強みを説明する。

自社ブランド製品も提供

現在の主力は、自動車業界向けの各種生産機器、歯科医向けの医療機器部品、木造個人住宅向けの地震対策用制振装置などだ。自動車業界関連では、熱処理や塗装、組み立てなどの搬送機器などを手がける。「エンジンや足回りの開発も手伝う」（大倉野会長）という。歯科医向けにはバキューム装置の部品などを生産する。住宅向けの制震装置は自社ブランド製品で、筋交いの役割を補い耐震性を高める「K－SiB」や家具などの倒壊を防ぐ「パワーガード」を提供する。さらに睡眠中にゆっくり傾きが変化して身体への荷重を分散して寝たきりの人の床ずれを防止するベッド「介護アシストベッド」なども実用化している。

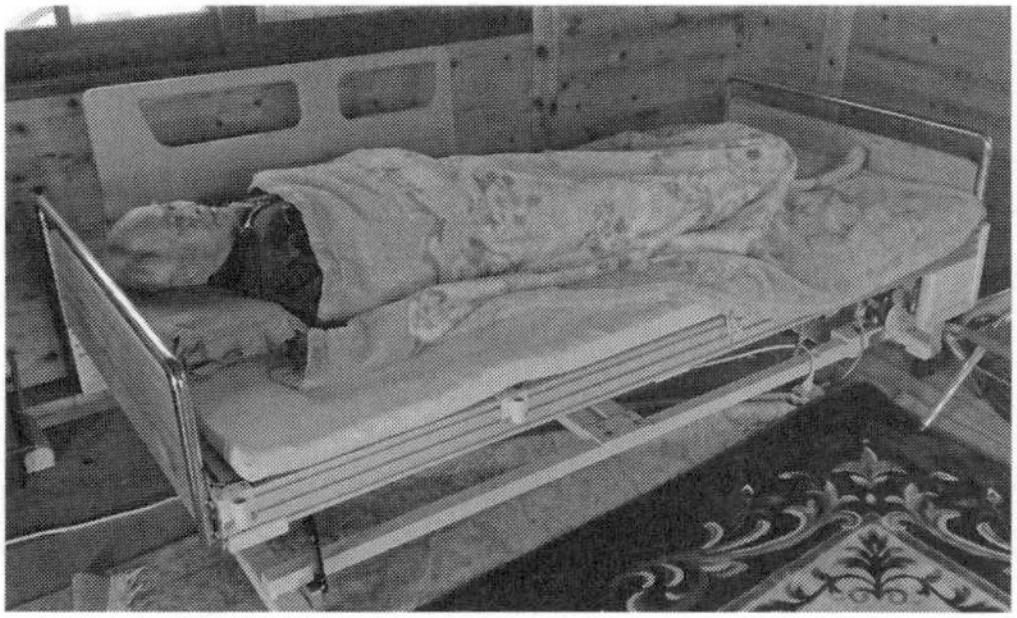

自社ブランド製品の介護アシストベッド

アルミ製スプレー缶の自動処理装置

大倉野会長は地元愛知県豊明市の企業を中心に10社で組織する異業種交流会「エントロピー豊明」の代表も務めている。活動はすでに37年に及び、今も月1回の会合を持ち、さまざまな共同事業を模索している。14年には豊明市の小中学校7校の屋上を利用して太陽光発電事業に乗り出した。またメンバーの食品メーカーらと新会社を17年に設立。地元の旧跡、桶狭間にちなんだお土産用のせんべい「桶狭間太鼓」も商品化している。オオクラエンジニアリングはせんべいの型の設計・製作を担当した。

スプレー缶の処理装置を本格販売

この異業種交流会のつながりを生かし、リサイクル装置事業にも参入した。困りごととして相談が持ち込まれたのがアルミニウム製スプレー缶の処理装置の開発だ。スプレー缶には大きく分けて、缶本体と吹き出し口があるふた（マウンテンカップ）の部分があり、アルミニウムのみにしてリサイクル資源としての価値を高めるには分離が必要だ。しかしスプレー缶は形状がさまざまで、自動化機器では保持して分離するのが難しかった。

そこで同社は独自の保持機構を考案。形状がばらばらなスプレー缶をならべるだけで自動で穴を開けて残留ガスを抜き、マウンテンカップを分離できる。1缶当たりの処理時間は7秒と速い。現在は異業種交流メンバーのリサイクル工場で実証を兼ねた1号機が稼働中。消費税抜きの価格は仕様によって異なり500万円からで、本格販売も始めていく。

心がけるのは「下請けではなく自社製品を作れる会社」(大倉野会長)だ。困りごとを解決する自社開発製品がユーザーからの信頼も厚く「コロナ禍でも忙しい」(同)状況。「これからはSDGs(国連の持続可能な開発目標)の時代。そのお手伝いをしていきたい」と多様な製品開発を続ける考えだ。

▶会社概要

創業年月：1980（昭和 55）年 2 月
所 在 地：愛知県豊明市新栄町 6-15
電話 /FAX：0562-97-4473／0562-97-8487
資 本 金：1000 万円
従業員数：4 人
事業内容：各種機器・部品の設計・製作

URL：http://okura-eng.jp

ピストンリング加工機で世界シェア6割

株式会社片岡機械製作所

ピストンリングは、自動車のエンジンなどにおいてピストンとシリンダー内壁のすき間を埋め、潤滑性を保ちつつ燃焼室の機密性を保つ。リング形状は真円ではなくわずかな楕円で、切れ目が1カ所ある。ピストンに装着されると切れ目が極小の真円状となってシリンダー内壁に密着する。

この内外径の加工には、工具を楕円状に高精度に駆動させるため複雑な制御が必要だ。片岡機械製作所のピストンリング加工専用機は自動車業界を中心に高く評価されている。24カ国に納入実績があり、同社推定で約6割の世界シェアを誇る。

●社是・企業理念

居心地の良い会社を作り世界の役に立つ仕事をする

代表取締役社長

片岡　勲 氏

業界に先駆けCNC化

かつて楕円加工では機械式のならい加工が一般的だった。製品ごとに基準とするモデルが必要で、マイクロメートル（マイクロは100万分の1）レベルで機械を調整する試行錯誤も大変だった。同社は1997年に業界に先駆けてコンピューター数値制御（CNC）ピストンリング内外径楕円旋盤「WL－2」を開発。さらに大型タンカー用などを含む船舶用など対象を広げつつ、カムシャフト用クランクシャフト用などの楕円形状や偏心形状を高精度に加工するCNC機を次々に世に送り出してきた。またエンジニアリングプラスチック製の高硬度シールリング加工機も手がけている。

「ひるむことのない開発」が同社の旗印だ。2021年3月に創業75周年を迎える同社はその約70%でさまざまな仕様のピストンリング加工専用機の開発に取り組んできた。その精度安定性を評価され、異分野から片岡勲社長自身が驚くよう

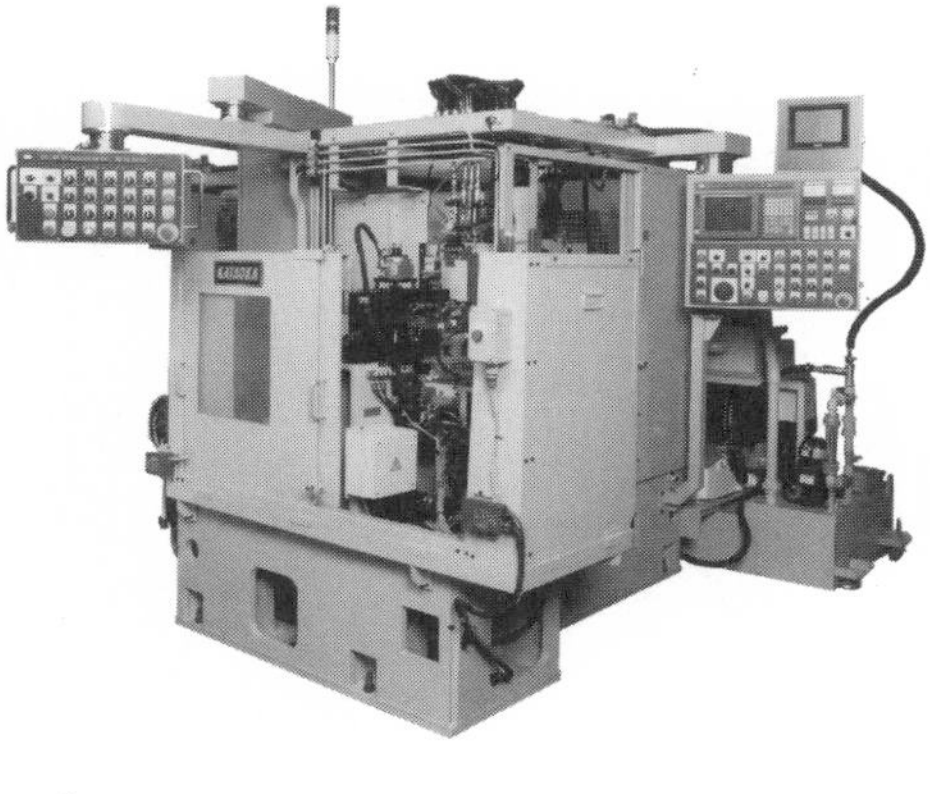

CNC全自動光学測定付キャップサイジング研削盤「GSM−105」

海外ユーザーの現場風景　「海外ユーザーからも厚い信頼を得ている」

な新規の開発要請も受けている。電気自動車（ＥＶ）用の部品加工用に、他メーカーと連携をしつつ従来にはない特殊仕様のフォーミングマシンやコイリングマシンの納入と工法開発の実績もある。

海外売上高比率7割

世界のニッチトップ企業として広く海外にユーザーを持つのも同社の特徴だ。１９６５年には輸出第1号の汎用旋盤を南アフリカに出荷した。近年は海外向けが売上高の約7割を占める。大手の自動車メーカーやティアワンの部品メーカーからも頼りにされ、直取引も少なくない。

またユーザー先の設備の安定稼働を支えるため、機械を点検・修理するオーバーホールや高機能化するレトロフィット、自動化対応など機能を広げるシステム化にも力を入れている。クランクシャフト加工機を改造し、ユーザーの要望に応え、カムシャフトも加工可能にするなどの高度な改造も手がけている。

高い技術力をブランドとする同社だが、得意とする自動車を中心としたエンジン部品の加工機市場は、電動化の流れの中で将来の不透明さを増している。そこでフォーミングマシンやコイリングマシンを含めて新規性の高い専用機を完成させてきた実績を生かし、新規分野の開発需要も積極的に取り込んでいく方針だ。営業ツールを刷新して多様な展示会への参加も増やし、会社の潜在力を積極的にピーアールする。

また周辺機器を含めたライン構築も得意分野で、実際にある専用機メーカーの関連では、設計変更や施工・保守も含めたエンジニアリング業務による販売支援の引き合いも受けている。「新規事業も立ち上げながら今後も開発志向を保持していく」と片岡社長。技術開発力で環境対応製品などの新たな加工需要に対応していく考えだ。

▶会社概要

創業年月：1946（昭和 21）年 3 月
所 在 地：愛知県岡崎市美合町字京ヶ嶺 7-1
電話 /FAX：0564-51-4511／0564-52-2801
資 本 金：3000 万円
従業員数：45 人
事業内容：ピストンリング加工機をはじめとする各種部品加工用専用工作機械製造

URL：http://www.kataoka-mac.co.jp/index.html

セメント分野における空気輸送のパイオニア

クマクラ工業株式会社

かつて生コン工場ではバケットエレベーターやスクリューコンベヤーなど機械式のセメント輸送装置が主流を占めていた。クマクラ工業が業界に先駆け開発し、今も主力になっているのが空気でセメントを輸送するシステム。1977年の第1号機納入以来、40年以上の実績をもつ超ロングセラー商品だ。生コン工場は全国に4000弱とみられ同社のシェアは40%以上と事実上の業界標準だ。空気輸送というコア技術を武器に意欲的に新分野の開拓も進めている。

●社是・企業理念

常に工夫をこらし、優れた技術で社会に貢献する。

代表取締役
井上　宗之 氏

細かな設定変更で顧客ニーズに対応

発明好きだった創業者の熊倉康雄社長は、食品などの粉体に利用されていた空気輸送をセメントに応用することを思いついた。試行錯誤の末にたどり着いたのが、空気輸送の心臓部である「強制通風型ロータリーフィーダー」だ。空気を媒体としてセメントを搬送する、いわば混合機だ。ケーシングとインペラー（羽根車）で仕切り室が構成され、仕切り室の気密性を保つためインペラーは素材から吟味。ケーシング内で密着させながら回転するのでパイプからセメントや空気が漏れだすことはない。密閉構造で駆動部が少なく、メンテナンスの手間を大幅に省くことができた。

特許技術であるロータリーフィーダーを核にルーツ式ブロワーや輸送用配管、バグフィルター、空気操作バルブなどの一貫システムとして納入する。装置面では細かな設計変更を繰り返してきたが、各段に進化し

空気輸送の心臓部ロータリーフィーダー

本社工場内

たのがソフト面。「空気輸送では決まった計算式や公式があるが、実際はその通りにいかないことが多い」（井上宗之社長）。そのため顧客の要望や設置条件に応じてキメ細かく設定値を変えたり、設備のレイアウトや仕様を見直すなどで対応してきた。

同社は設計から製造、施工、メンテナンスまで手掛けるのが強み。カタログモデルはあるが、基本的には完全受注生産だ。セメントの種類が増えたのも同社にとっては追い風になった。かつては普通セメント、早強セメント、高炉セメントの3種ほどだったが、現在は数種類に増え混和剤を混ぜるケースも多い。

ロングセラー製品でも進化は続く

40年以上の実績ある製品だが、試行錯誤はまだ続いている。一つのテーマが空気とセメントの混合比率の拡大。一定の空気量で運べるセメント量を増やすことができれば、当然効率がアップする。コストダウンにもつながる。同社の混合比率は40%程度と高く「理論上はできないとされてきたが、それを実現した」(同)という。

空気輸送がブロワーで空気を押し出す仕組みだが、それとは真逆に空気を吸引する装置を利用し、機械工場で発生する各種の切粉を空気輸送するシステムで「切粉マジックシステム」の名称で事業化している。セメントと異なり、扱う材質や形状、サイズなどすべてが各社各様。同じ原理で鋳物砂を空気輸送するシステムも開発し、自動車メーカー向けなどに実績がある。

今後も創業者の精神を守りつつ「日本は自然災害の多い国なので高品質の生コンの重要度は高い。安定してセメントを供給する設備を作り続けるのが最大の使命」(同)と抱負を語る。

▶会社概要

創業年月：1962（昭和37）年10月
所在地：岐阜県可児郡御嵩町古屋敷字東洞31
電話/FAX：0574-67-0909／0574-67-1355
資本金：3200万円
従業員数：25人
事業内容　セメントなど粉体の空気輸送装置、切粉回収用空気輸送装置

URL：http://www.kumakura.co.jp/

モノづくりの総合力でニーズに対応

株式会社佐藤鉄工所

佐藤鉄工所は成形機の開発・製造を行うメーカーであるとともに、大型機械加工を得意とするサプライヤーでもある。型内圧2メガパスカル以下を実現した超低圧成形機は、自動車部品などの軽量化、省資源化、生産性向上に貢献する成形技術として注目を集めている。大型機械加工では得意とする門型マシニングセンター（ＭＣ）などを駆使した大物部品の高精度加工で産業機械部品や金型のほか、航空宇宙分野などの次世代産業を支える。「メーカー＆サプライヤー」というモノづくりの総合力を発揮し、装置開発から加工技術提案まで幅広いニーズに対応している。

●社是・企業理念

技術を極め、世界に位置する技術集団となり、お客様に信用と満足を戴ける企業体となり、さらに社会貢献できることを事業の基本とする。

代表取締役社長
佐藤　安弘 氏

低圧成形技術が生んだロングセラー機

装置部門のコア技術とする立型射出成形機では、低圧成形技術の実用化で先鞭をつけたことで知られる。成形品の歪みが少なく、生産の歩留まり向上という特徴を最大限に発揮する低圧成形機は自社製品「ＳＬＩＭ」として１９８７年の発売以来、ロングセラーを継続。技術開発を進め、２色・２個同時成形可能なダブルインジェクション、電動超低圧成形機などラインアップを広げている。

先進的な成形技術として注目を高めている加工技術の一つに、炭素繊維強化熱可塑性樹脂（ＣＦＲＴＰ）ハイブリッド成形がある。加熱プリプレグのプレス成形と繊維強化樹脂の射出成形を同時に１型内で一体化できる技術で、材料歩留まり１００％、後工程不要という特徴がある。部

先端材料を用いた研究開発を支える技術検討機

恒温環境を整えた工場で行われる高品質加工

品の軽量化とともに、生産性向上を求める自動車業界からの評価は高く、この技術を搭載したハイブリッド成形機がバンパービームの成形に採用されている。

技術開発の対象は成形機本体にとどまらず、加熱時間を従来の5分の1の12秒に短縮したCFRTP急速加熱装置を中部電力などと共同開発するなど周辺装置に広がりを見せている。佐藤安弘社長は「省エネ、脱炭素化に向けた次世代技術として発展させたい」と熱く語る。

「一歩先行く技術集団」として歩む

サプライヤーとして、大物部品をはじめとする大型機械加工を支えるのが充実した高精度加工設備だ。音羽事業所（愛知県豊川市）に備えた門幅5・1メートル、テーブル長18メートルの5軸加工機をはじめ、5面加工機、フロア型横中ぐり盤、天井走行クレーン（50トン、30トン）など大型設備が揃う。工場は恒温環境を整えており、精度の高い品質管理体制を敷いている。「今後も品質確保のための投資は継続する」（佐藤社長）というスタンスを貫く構えだ。

複雑形状や難削材などのテスト加工にも積極的に対応しており、加工技術の向上に磨きをかけている。こうした姿勢が産業機械向け部品のほか、航空宇宙、造船、鉄道など幅広い分野での受注獲得につながっている。

先端材料を用いた加工技術の研究開発は、音羽萩事業所（愛知県豊川市）で電動100トン、油圧400トン、同100トンの3台の技術検討機を保有し、成形試作から量産化システムの設計、製作までをサポートしている。さらには成形加工技術、成形機の開発で培った生産技術力を生かしてシステムエンジニアリングにも対応する。「一歩先行く技術集団」を目指して技術革新の歩みを続けている。

▶会社概要

創業年月：1951（昭和26）年3月
所 在 地：名古屋市港区九番町3－42
電話/FAX：052-661-0176／052-661-2809
資 本 金：4500万円
従業員数：129人
事業内容：縦型樹脂成形機の開発・製造・オーバーホール、大型機械加工、自動車用産業機器の製造・オーバーホール、成形技術と成型装置の研究開発

URL：http：//www.satoh-gr.co.jp

転造機を核に総合提案で課題を解決

株式会社三明製作所

転造は円柱状の材料を転がしながら転造ダイスと呼ぶ金型に押しつけて凹凸形状を転写する加工法だ。ネジをはじめ多様な部品の生産に用いられる。三明製作所は転造機メーカーとして70年近い歴史を持ち、国内市場では5割を超えるシェアを誇る。主力の平ダイス転造機に加え、高速で量産向けのプラネタリ式転造機、ワッシャーの組み合わせ機も供給。オーダーメードにも対応する。

高機能機で差別化を支援

得意とするのは高機能機だ。高い精度や生産性、耐久性

●社是・企業理念

培ってきた独自の転造技術で「モノづくり」の未来に貢献します。

代表取締役社長
谷口　光雄 氏

などでユーザーの差別化を支援する。例えば直径8ミリメートルのネジ用の転造機「THI－8Rエボリューション」は毎分400回転と従来機より3割高速化した。金型保持部（ラム）の温度変化表示や一定温度以上での停止機能、冷却装置などで故障や焼き付けを防ぎ、操作のしやすさにも配慮した。自動車などのネジの生産性向上を提案する最新機種だ。

ユーザーの困りごとにきめ細かく対応する基本姿勢も高シェアの理由だ。技術系社員が営業をする「営業技術」が稼働率向上や不良低減、工場の24時間稼働などさまざまな課題を引き出し、それを解決するソリューション提案を30年以上前から続けてきた。転造機単体に加え、関連する搬送機器や検査装置、転造ダイスなどを総合的に開発・提供する。定期点検やオーバーホールにも力を入れている。

谷口光雄社長は「最高の品質と最大の価値ある製品やサービスを提供し、お客さまからの信頼を維持し高める」

従来機より3割高速化し生産性を向上した転造機「THI－8R　EVOLUTION」

全社一丸で最高の品質と最大の価値ある製品やサービスを提供する

と強調する。さらに「社員個々の能力や特性を生かし、チームとしてユーザーの特殊仕様に対応する能力を蓄積してきた。全社一丸で総合技術を提案する」（谷口社長）と説く。ユーザーには同社を指名買いする「三明ファン」が多いという。

長寿命の転造ダイスが好評

全社売上高の1割を占める転造ダイス事業も重視する。ユーザーが望む特殊形状の金型も社内で設計し開発する。また新素材を採用し寿命を従来品の2倍にしたネジ転造ダイス「DiOS（ディオス）」も好評だ。自動車の小型軽量化が進む中、強度を保つために熱処理済みやステンレス製、チタン製などの高硬度材料が増えるエンジン回りのネジ用などに売り上げを伸ばしている。金型が摩耗しやすくユーザーが困っていた分野だ。さらにダイス形状を工夫して寿命を一般品の3倍から5倍程度に延ばした「ディオス・ツーステップフォーム」も発売した。「21年4月期は前期比2倍増を見込む」と谷口社長は意気込む。

谷口社長は社内の活力を引き出すため、営業、設計、製造、管理の各部門に権限を委譲し、優秀な若手は年齢に関係なく幹部に登用する。36歳で部長に登用した例もある。「目的を明確に設定し、達成のために最大限の自由を社員に与える」（同）のが同社の社風だ。

同社の転造機のメーン市場である自動車業界は100年に1度と言われる変革期を迎えている。乗り切るために谷口社長はさらに「想定外を想定する」との新たなスローガンを掲げた。将来の発展に向け、2022年の稼働をめどに愛知県春日井市内で新本社工場の建設も計画中だ。

「先進技術の開発、SDGs（国連の持続可能な開発目標）への取り組みへの拡充を実行する」（同）と指針を示す。

▶会社概要

創業年月：1952（昭和27）年6月
所在地：愛知県春日井市六軒屋町西3の9の1
電話/FAX：0568-81-8411／0568-83-5844
資本金：1000万円
従業員数：46人
事業内容：転造機と転造ダイス、関連機器・ソフトウエアの開発・製造・販売

URL：www.sanmei-works.jp　電子メール：info@sanmei-works.jp

「町工場だから…」と言わせない斬新なエンジニア集団

株式会社東名技研

「町工場〝なのに〟オフィスがきれいで、大企業と対等に渡り合える」と強調して語るのは東名技研の熊崎宏重社長。創業60周年を迎える2028年までに年間売上高を約5倍の10億円を達成するほか、米国に営業拠点を設立するなど飛躍を目指している。同社の強みは全ての従業員がエンジニアであることを基本として、営業や設計などの専門性を身につけている点にある。同年までに強みの源泉となる従業員数を約2倍の30人に拡大し、「いろいろな取り組みで日本一を目指す」（熊崎社長）と飛ぶ鳥を落とす勢いで成長を続けている。

●社是・企業理念

機械（機会）創造、わくわく企業。

代表取締役社長
熊崎　宏重 氏

信頼を勝ち取る小さな機械

驚くことに、幅18センチメートルのわずかな隙間に設置された奥行き約2メートルの機械で、部品の圧入や画像検査などをしている。このような「メンテナンスできないほど小さな機械を作ることが得意」（同）という同社は、顧客の要望に合わせたオーダーメードの専用機を設計から加工、配線、設置など一貫して手がけられるのが特徴だ。6軸ロボットにも対応でき、熊崎社長は「6軸ロボットのティーチングは他社に負けないセンスがある」と胸を張る。

トヨタ自動車やデンソー、三菱電機など大手製造業にも納入実績を持つ。これらの企業から信頼を勝ち得た背景には、「現場の対応力の高さ」（同）があるという。同社の従業員は設計や加工など幅広く技術を持つゼネラリストが多い。そのため、納入現場で発生する配線やプログラムの変更、調整に対応することが可能

2020年春に改装した本社工場

改装したオフィスは大手ベンチャー企業をほうふつとさせるデザイン

という。

レーザー刻印装置や巻き線組み付け機、薬袋つめ装置など自動車や電気、医療業界に装置を納入してきた同社。現在は「土木や建築業界向けの自社製品を手がけたい」として、次の目標に向けて動いている。熊崎社長は機械を作り続ける思いを語る。「取引先や従業員など関わる全ての人の未来をハッピーにする」。

ゼネラリストを養成

「これだけは誰にも負けないという技術を身につけてほしい」と熊崎社長は従業員に発破をかけた。広く技術を持つゼネラリストが営業や設計、プログラミングなど追加で専門知識を身につけることで「付加価値のある存在になれる」と持論を展開する。彼らの成長を願っての発言だ。

将来的にはチーム制を導入するという。ゼネラリストで構成したチームを4組編成し、生産性を競い合ったり、互いに業務を助け合ったりすることで会社として力強くする方針だ。そのため、2028年まで毎年2人程度を採用しゼネラリストとして養成する。「性別や学歴、正社員やパートタイムといった分類は関係なく、全て一人の人間として向き合う」（熊崎社長）。

20年春に改装が完了した工場は大手ベンチャー企業をほうふつとさせるデザインで、「日本一きれいな女子トイレもある」（同）と豪語し、「町工場〝なのに〟働きやすい環境を整えた」（同）と胸を張る。服装や髪形も自由だ。

熊崎社長は語る。「『町工場だから…』といった言い訳をするのではなく、『町工場なのに…』とポジティブに考えることが大事だ」。米国進出や採用、教育への取り組みなど「町工場なのに」と驚かれる会社を目指し、同社の成長はとどまるところを知らない。

▶会社概要

創業年月：1968（昭和 43）年 8 月
所 在 地：名古屋市守山区小幡千代田 8—12
電話 /FAX：052-794-8835／052-794-8837
資 本 金：2500 万円
従業員数：13 人（2021 年 1 月時点）
事業内容：省力化専用機や治工具の設計・製作

URL：https://toumei-g.jp/

「風を創造し演出する」ことで社会に寄り添う風屋

フルタ電機株式会社

「送風機のフルタ」として業界で知られるフルタ電機。古田成広社長は「我々は『風屋』であり送風機屋ではない」と言い切る。その強いこだわりは「風を創造し演出する＝お客様に売るのはモノではなく効果の創造であり、それはお客様の期待を上回る演出によって完遂する」という経営理念からも読み取れる。今年で創業85年になるが、風屋になったきっかけは顧客の困りごとを聞いたことに始まる。

●風屋の成り立ち

●社是・企業理念

【経営理念】

フルタ電機はグローバルな感覚と視野でユーザー、マーケットニーズに応えて、性能の優れた競争力のある、付加価値の高い商品を、研究開発生産し、新しい販路を拓き、完全なサービスと満足を売る。

【企業姿勢】

風を創造し演出する。

代表取締役社長

古田　成広 氏

もともと電動モータの修理業だった同社が風を使った商売を志したのは伊勢湾台風後。当時、名古屋市南部に数多く存在した木工工場の夏場の作業は過酷そのものだった。工場にあった扇風機は過酷な環境下ですぐに壊れてしまう。「壊れにくい扇風機を作れば世のためになる」（古田社長）と、タフな風を送れる国内最初期の工場扇を開発。現場にフルタの名が轟（とどろ）いた。

その後、施設園芸用ハウス向けに圧力コントロールで効果的に換気するシステムを提案。茶園や果樹園の防霜ファンは経済性を考慮し有角水平首振という独創的な方式を考案した。おにぎりに巻く焼海苔の生産が全自動になった際には1枚1枚の海苔を均等に人工乾燥させる風。ファンの停止が致命的となる24時間365日連続稼働の半導体製造ラインでは、長期間運転が可能なファンを提案するなど、顧客の困り事を一つ一つ解決していった。目に見えない風の力を使い、現場に合った演出を加えることを生業とする。送風機はキーデバイスであるがそれが全てではない。

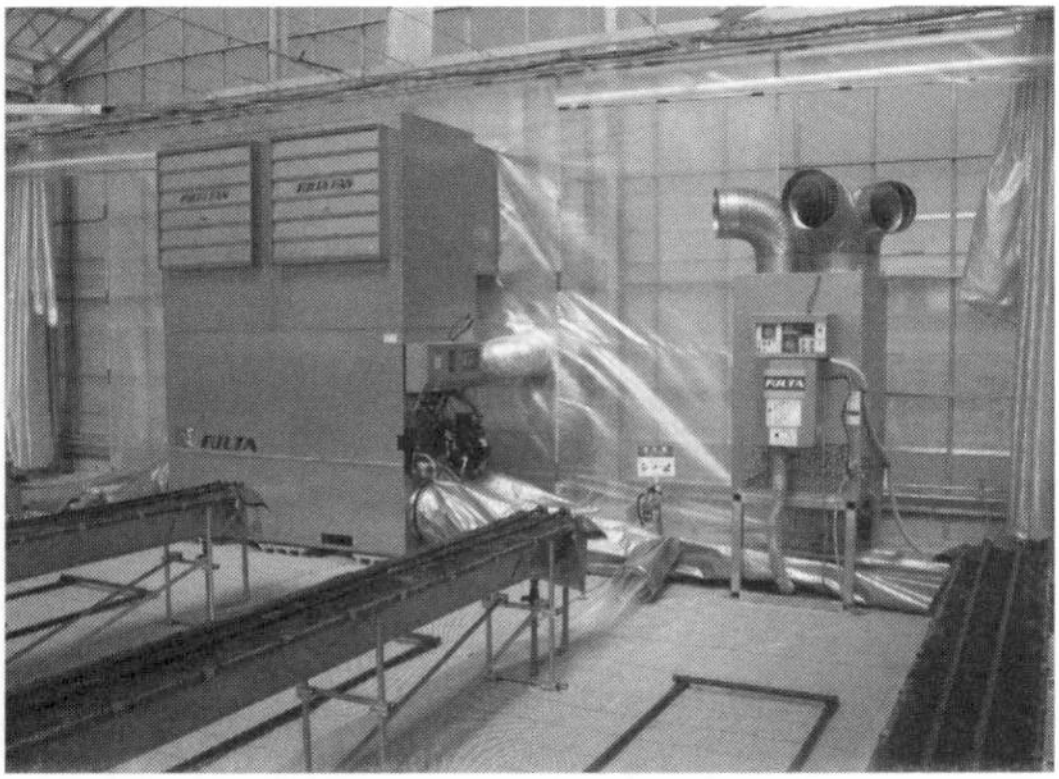

国内シェアトップの施設園芸用換気システム

動物園の象舎でも使える細霧発生送風機

現在、防霜システムや施設園芸用換気システム、畜産用空調システム、海苔製造システム、椎茸乾燥機などで国内シェアトップ。機械に組みこまれ必要な風を届ける電動ブロワや工場内換気システムも国内リーディングブランドの地位にある。農業から半導体まで、現場に合った独創的な製品で社会に寄り添う。例えばマンゴーやイチゴなどの果実、葉物野菜からトマトなどの生り物野菜、日本全国の銘茶、ファーストクラスで飲まれるワインなど日本が誇る生産物から自動車や半導体製造ラインまで、幅広い分野で同社の風が産業を下支えしている。

モノづくりに対するスタンス

近年は光合成を促進して野菜や果樹の生育を速める光合成促進機、牛や豚の肉質を改善する畜産システムでも高シェアを占める。生海苔の異物除去装置や、焼海苔の厚さを揃える全自動濃度調整装置も食の安心安全を守るために発明した。

「北極星の如くぶれない展望を指し示せ」が古田社長の信条。「社長の役割は従業員が迷った際に道標となる北極星のようなもの。既存事業にこだわるが心中してはならない」（古田社長）と自ら毎年47都道府県と海外に足を運び、実際に見聞した情報をベースに製品開発、市場開拓を決める。「私はあまり本社に出社しないがその分、今何をしたらいいかがわかる。悩むのは優先順位だけ」と話す。最近開発した製品も三密対策に効果的な体育館専用ダクト送風機や溶接現場においてトーチを揺らさない送風機、清潔なあんぽ柿を全自動で作り上げる装置などユニーク。しかも一品モノではなく量産品で、アイデアは知財化されている。

「風は目に見えないから時として適当なモノが出回ることがある」。しかし「モノではなく効果を創造する。それはお客様の期待を上回る演出によって完遂する」という風屋の姿勢はこれからも変わらない。

▶会社概要

設立年月：1960（昭和35）年1月
所 在 地：名古屋市瑞穂区堀田通7－9
電話/FAX：052-872-4120/052-889-1960
資 本 金：3200万円
従業員数：約180人
事業内容：送風機、環境関連機器の開発、製造

URL：http://www.fulta.co.jp/

特殊な仕様を得意とする熱処理炉メーカー

株式会社ミヤテクノ

ミヤテクノは他社が敬遠するような特殊な仕様を得意とする熱処理炉メーカー。熱処理炉の設計から部品の調達、組み立て、最終調整までを自社で担い、量産とは一線を画した一品一様の炉の製造を〝生きる道〟として幅広い業種で顧客を獲得している。また、20〜40年と長期間使用されることの多い熱処理炉に欠かせないのがメンテナンス。他社が製造した炉のメンテナンスや改造も手がけ、顧客の生産活動を支えている。

●浸炭焼き入れ、無酸化熱処理中心に実績多数

●社是・企業理念

信念・覚悟・根気。
世の為・人の為でなく自分の為に努力する。

代表取締役社長
宮﨑　弘明 氏

同社が得意とするのは浸炭焼き入れ炉や、雰囲気ガスを利用した無酸化熱処理炉。安価で硬さが足りない材料にこれらの熱処理を加えることで表面硬度を上げ、「安い材料を高級な材料へ変える」と宮﨑慎一会長は胸を張る。

炉内を無酸化状態にする仕組みはメーカーが特に工夫を凝らすポイント。例えば過去に手がけた自動車用ハイテン鋼板のプレス焼き入れ炉は直火式のバーナー110本をコンピューター制御し、燃焼ガス成分を一定にすることで炉内を無酸化状態に保つ仕組みだ。同時に炉内温度もバーナーが自動でコントロールする。安定した無酸化状態を維持できたことで鋼材表面に生じる欠陥をなくすこと（スケールゼロ）に成功し、高品質化につながった。

そのほかにも特殊な仕組みの炉を多数、手がけてきた。中でも異色なのは、燃料電池車（FCV）の実験で発生する水素の無害化炉。電気や雷で発火することもある水素をバーナーで燃

顧客の要望に応える一品一様の炉を作り続けてきた

得意とする雰囲気ガスを利用した無酸化熱処理炉

焼して無害化する。実験では1時間あたり水素が0・3～90立方メートル、また二酸化炭素（CO_2）と水蒸気もそれぞれ0・3～45立方メートルの合計で最大180立方メートルの範囲で、ランダムな炉圧力、流量で流れ出る。このランダムな流量を燃焼させるシステムの構築に知恵を絞った。制御は安全性を考えた駆動にしたほか、火災検知には防爆式の紫外線検知装置を組み込むなど、念入りに安全対策を施した。

周辺設備も手がけ顧客のニーズに応える

家電業界へも多彩な炉を納入してきた。薄型テレビが出始めた頃は液晶画面にバックライトとして取り付ける蛍光灯を焼成加熱、冷却する炉の製造に忙殺された。40～60インチ以上のテレビに取り付ける蛍光灯は最長1650ミリメートルにも達するが、これを700～800℃で焼成。温度差による曲がり防止策として80個のブロックヒーターをそれぞれセンサー電力調整機で管理する仕様にした。同社が数十基も製造した珍しい例だ。

また近年は顧客のニーズに応え、搬送装置や洗浄機といった周辺設備も手がける。受注当時は「おそらく国内初だった」（宮崎会長）という金属合金製ファンの実績もある。ファンはハイス鋼の焼き入れ炉内に設置した。焼き入れムラを防ぐために炉内温度は600℃から1100℃の範囲±5℃までしか許容されない。ファンで燃焼ガスを拡販することで炉内温度を均一にし、これを達成した。

こうした多彩な実績を支えてきたのは、創業者の宮崎会長が大手熱処理メーカー勤務時代から培ってきた豊富な知識とノウハウだ。社長職を退いた現在は、これらの知識を次の世代につなげようと意欲を燃やしている。今後も他社がまねできない炉を作り続け、顧客を喜ばせたいという。息子の弘明社長は「会長の知恵を引き継ぎつつ、いまの時代に即した新たな企業体制を整えたい」と意気込む。

▶会社概要

設立年月：1995（平成7）年5月
所 在 地：愛知県大府市北崎町井田 196-1
電話 /FAX：0562-45-1631／0562-45-1632
資 本 金：1000 万円
従業員数：8人
事業内容：熱処理炉・設計・施工・メンテナンス

URL：http://www.miyatekuno.co.jp

3

切削・研磨・精密加工

進取の精神で時代を先取り

アイコクアルファ株式会社

創業以来、時代の変化に対応して事業内容を変えてきたアイコクアルファは進取の精神に富んでいる。冷間鍛造を始めたのは1958年で日本では草分け的存在だ。国内で初めて国産の同時5軸マシニングセンター（MC）を導入したのも同社だ。現在は精密冷間鍛造のCF事業部、精密切削加工のAP事業部、CAD／CAMシステムのMS事業部、自社製品のハンドクレーン「ラクラクハンド」を手掛けるRH事業部の4事業部でバランス良く構成される。

●社是・企業理念

【社是】

「会社の心」

一人ひとりが経営のパートナーです。

「パートナーの心」

一人ひとりが自分の夢を持ち、実現に向けてレベルアップします。一人ひとりが自分の仕事に責任を持ち、実行し、誇りを持ちます。一人ひとりの夢の実現・誇り実現がアイコクアルファの成長です。

【企業理念】

会社は、そこで働く人のためにあるのであって、会社の利益のために働く人がいるわけではない。

代表取締役社長
樋田　克史 氏

等速ジョイント内輪や削り出しインペラーで高シェア

精密冷間鍛造や精密切削加工で長い実績を持つだけに高シェア製品も多い。自動車用等速ジョイント内輪の世界シェアは20%。冷間鍛造で加工するので「生産性は高く品質はどこにも負けない」（樋田克史社長）と自負する。また近年は冷間鍛造で旧JIS5級クラスの精密歯車を量産する技術を開発。自動車用のサンギヤ（はすば歯車）に採用されている。

AP事業部の削り出しインペラー（羽根車）も世界シェア15%を誇る。同社はどこよりも早く同時5軸の可能性に着目し、難易度の高い航空機部品の加工で技術を磨き上げてきた。段取り替え無しの『一工程加工』を得意とするが、同時5軸ならではの三次元曲面加工の技術を自動車分野に応用し、自動化を進めることで、従来は精密鋳造が主流だった自動車ターボチャージャー用小型インペラーを切削加工で精密かつ大量に生産することに成功し『大河内記

防衛、宇宙関連の精度の高い重要部品を担っている

英ロールス・ロイス社からも直接受注している

念生産賞』も受賞した。また増えているのが防衛関連と宇宙関連。とくに精度が高く重要部品である「H2ロケット」のエンジン内銅チャンバーを独占で加工した実績から、次世代ロケット「H3」の部品も納入しており今後が期待される。

仏ダッソー・システムズ社の3次元CAD/CAMシステム「CATIA」を導入したのは1986年。当時はまだ3次元CAD/CAMの黎明期でこれも日本国内では先陣を切った。自社での活用実績を積み上げ、そのノウハウを基に対外的にも販売するMS事業部として独立。導入企業のサポートを手掛けつつ、自社ソフトの開発にも力を入れている。数値制御(NC)工作機用検証ソフト「G－Navi」は、同時5軸MCをAP事業部の現場で使う中で生まれた。切削加工をシミュレーションして加工物と工具、主軸などの干渉を事前に予測する。ソフト単体だけでなく、工作機械メーカーに衝突防止用ソフトとして直接納入するケースも増えている。

「夢親」で大卒社員の離職ゼロ

同社が始めた新人支援制度「夢親」が、社員の早期離職防止にも大きな成果を上げている。職場のマネージャーが親代わりになって社員の仕事やプライベートの相談を受ける仕組みで「この10年間、入社3年以内の大卒社員の離職はゼロ」(樋田社長)と胸を張る。親のこころで接すれば社員も打ち解け、悩みも打ち明けやすい。これだけでなく、全員株主や経理の公開、それにもとづく成果配分制度など、常に経営のガラス張り化につとめてきた。そのため社員一人ひとりに『自分たちの会社』であるという意識が共有されている。創業以来、一貫して愛知県中島郡祖父江町(現稲沢市)でモノづくりに打ち込んできた。「規模を大きくするよりも、この地で長く生産活動を行いたい」(同)と企業理念の姿勢に揺るぎはない。

▶会社概要

創業年月:1943(昭和18)年8月18日
所在地:愛知県稲沢市祖父江町森上本郷十一、4-1
電話/FAX:0587-97-1111/0587-97-1177
資本金:12億円
従業員数:1050人
事業内容:精密冷間鍛造、精密切削加工、ハンドクレーン、CAD/CAMシステム

URL:https://www.aikoku.co.jp/

高精度部品加工と自社オリジナル商品を併せ持つ

株式会社伊藤精密製作所

伊藤精密製作所は、通信機器部品など高精度部品加工を主力とする「加工事業部」と自社商品を手掛ける「エムエステック事業部」の2部門からなる。加工部品は手のひらに乗るサイズの中小物製品を中心に、高精度部品を量産する。特にコネクターなどの情報通信機器部品は、50年以上の実績があり、今も主力事業だ。ただ「特定企業や業種に過度に依存しない」（伊藤康裕社長）方針で、顧客は通信のほか自動車、住宅設備、ガス器具部品、舶用部品など幅広い。

●社是・企業理念

【社訓】
実行・親和・感謝・責任・共栄
【企業スローガン】
トップ・スマイリング（Top　Smiling）

代表取締役社長
伊藤　康裕 氏

通信機器、自動車、住宅など多彩な加工分野

創業時からの通信機器部品に加え、この10年ほどで拡大してきたのが自動車部品。エンジン周辺部品やHV用ブレーキ部品、ターボチャージャー部品など多くの部品を供給しており、近年はEV車用急速充電機器用のコネクターなども供給している。住宅設備はキッチンやバス、トイレなどの機器に使用され、高い安全性を求められるガス器具部品を含め、複雑形状部品の切削加工から組み立てまで一貫生産している。比較的大物の部類に属するのが、この数年、顧客と共同開発してきた大型船に搭載する発電機エンジン部品。高い信頼性と品質管理を求められるが参入障壁が高く安定した市場なので今後も注力する方針だ。

加工設備類も充実している。室温の変化を1℃以内に管理した工場内で、NC自動旋盤によるミクロン加工を実現している。「まだ勉強中」（同）と言うものの、同時5軸加工機や三次元のCAD／CAMシステムも導入している。これによりインペラー（羽根車）など難易度の高い部品加工にも挑戦している。

自社商品の「ダコンアンシン」

中小物製品を中心とした高精度加工部品

自社商品はグローバル展開も視野に

同社の強みの一つが自社オリジナル商品を持つこと。主力の「ダコンアンシン」は、自社工場の品質改善運動から生まれた。加工機から排出される加工品同士が接触することで発生する打痕や傷を防止する装置だ。開発当時はそのような装置がなく、自社内で使用することを想定して開発に着手した。加工品をポケッターで受け取り、人の手でそっと置くように部品を蓄積する。箱の自動交換なども可能で、長時間無人運転が実現される。1995年に事業部として独立させ全国販売を始めたが、当初は苦難の連続だった。実績が思うように伸びず、撤退論まで出始めた。先代社長の「いつまでも下請けだけではやっていけない」との判断で事業継続した結果、今では全社売り上げの2割を占めるまで成長した。用途に応じて製品も拡充させ、10機種を超える標準機のほか顧客の要望に対応した特殊機群もそろえる。当初とは製品構成が変化しており、標準機の顧客は3割程度で、5割が顧客ニーズに合わせたカスタマイズを施す。残りがオーダーメードだ。オーダー品が増えると手間は増えるが、難易度の高い仕事をこなすことで「数年前と比べると社員の技術力は飛躍的に向上し、装置も驚くほど進化している」(伊藤社長)という。工作機械メーカーがオプション指定してくれるケースもあり、確実に認知度は高まっている。

今後も「売り上げ構成の目標は具体的に定めていないが、加工部門と自社商品の2本柱は変わらない」(同)と断言する。ただ両事業の目指す方向は異なる。加工事業は国内ユーザーに特化、メードインジャパンを追求し、自社商品はグローバル展開を目指す方針。「『ダコンアンシン』は顧客の海外拠点でも使用されるケースが増えており、メンテナンスの必要が出てくる」ためだ。国内で実績を積み上げてきたが、今後は海外展開も視野に入れている。

▶会社概要

創業年月：1959（昭和34）年4月
所 在 地：岐阜県海津市平田町今尾1663-1
電話/FAX：0584-66-2633／0584-66-2757
資 本 金：1600万円
従業員数：95人
事業内容：通信機器、自動車、住宅設備、船用などの切削加工、FA装置の開発・製作・販売

URL：https://www.smiling.co.jp

大型精密部品加工で1／100ミリメートル精度を極める

株式会社伊藤英男鉄工所

伊藤英男鉄工所は最大2500ミリ×4000ミリ×1300ミリメートルまでの大型金型部品や機械部品の精密加工を手がける。社員19人の小規模企業ながら大手自動車部品メーカーにも直接納品する実力派だ。金型は指の感覚で100分の1ミリメートルの精度を見極める匠の技と最新設備を組み合わせ、精緻な加工面に仕上げる。高精度を実現するため、自社完結にこだわりCAD／CAMのプログラム製作から機械加工、検査までを一貫対応する。夜間無人稼働による24時間生産体制を確立しており、納期対応力も高い。

●社是・企業理念

私達は、技術集団を目指し、技術の向上と創造的技術の開発を通し、自分を磨き、お得意さまと共に栄え技術を持って社会に貢献します。

代表取締役社長
伊藤　國和 氏

基本に忠実に。丁寧に

1990年に伊藤國和社長が父親の名前を冠した同社を引き継いだ当初は、機械部品の受託加工に頼る、いわゆる町工場だったが「複雑形状品を自社で一貫生産したい」（伊藤社長）と新型のマシニングセンター（MC）を積極的に導入してきた。設備増強と合わせ金型の基礎となるダイセット（型台）の全加工など、精密で複雑な仕事に挑戦し、加工実績を積み重ねてきた。

「基本に忠実に。丁寧に」。伊藤社長の身上だ。創業以来、精度維持のため、保有する全ての機械の定期メンテナンスを欠かさず行い、仕上げまでの手順を一つひとつ踏んで確実に作業を進める同社の姿勢には多くの顧客が信頼を寄せる。現在では「特級技能士」、「1・2級技能士」が計5人在籍し、門型MC4台、横型MC1台、大型平面研削盤1台などを使いこなす。

大型製品はワーク自体が重いため、荒加工で歪みが生じやすい。荒加工で生じたワークの反りや歪みを見極め

2018年に導入したオークマ製門型MC

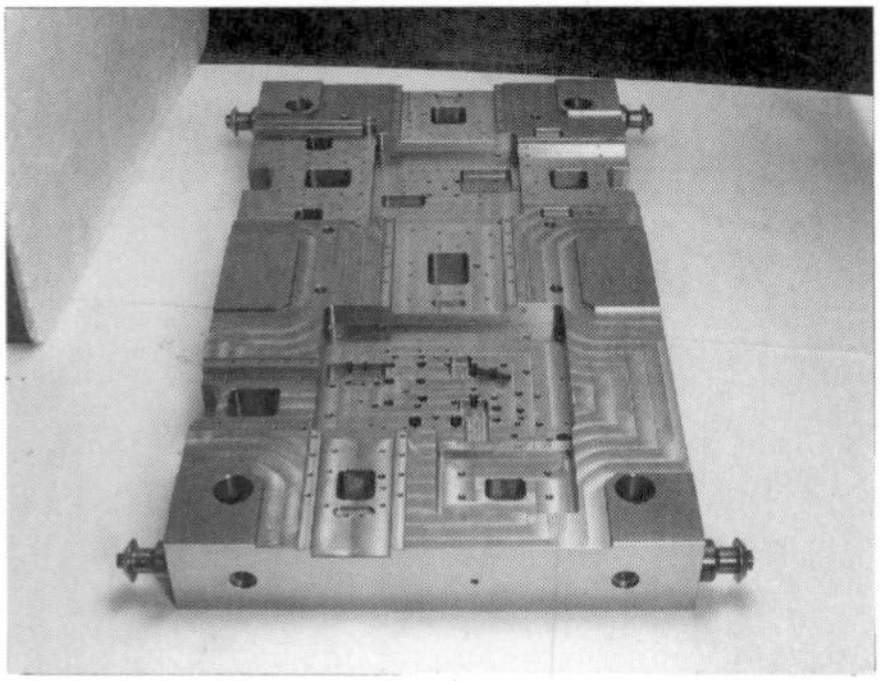
複雑な金型の全加工も短納期で行う

るため、技術者が薄いフィルムをワークとテーブルの間にかませ、浮きを見たり、加工面を手で触って研磨したりしながら調整する。

「歪みがないワークに平面研削することで良品が生まれる」（同）。技術者が設備能力を最大限に引き出すことで、1000ミリメートル超の大型ワークでも平面度や平行度など、公差に対し100分の1ミリメートルレベルの精度で製品を仕上げる。同社のモノづくりの主役はあくまで人だ。

ＩＴを積極活用してスピード対応

納期対応力も顧客を引き付ける同社の魅力の一つ。加工を担う金型は顧客の生産活動に直結するため、その部品修理の際にはスピード対応が求められる。そこで2000年にＣＡＤ／ＣＡＭを取り入れ、プログラム作成から加工、検査までを自社で一貫して手がけられるようにした。

同社では熟練者2人がＣＡＭを担当し最適な工具や加工法を選ぶ。加工経路や順番、不必要なエアカットの省略などを考慮し、ムダのないプログラムを作る。ただし最適な工具選択といっても簡単ではない。ワーク材質は多種多様で複雑形状加工も少なくない。厚みのある材料に深掘加工する場合もある。新しい工具を試し、どれくらい切削に耐えられるか、データを蓄積してきた。

11年に大型の横型MCを設置し、夜間無人稼働による24時間体制も実現した。この年に入社した長男の伊藤友一取締役は「培ってきた歪み取りなどの技能はしっかり受け継ぎ、IT技術も積極活用する」と次の目標を定める。

20年には顧客の金型メーカーなどとのデータ共有が容易になるよう最新CAMに刷新。データ量が増え、若手でも熟練者の知見を生かしたプログラムが作れるようになった。伊藤社長は「一人ではできない仕事。社員の仲が良く若手も育っている」と技能伝承が自然と進む現状を喜ぶ。今後は自動車の金型加工で培った技術力を生かし、半導体や医療機器分野にも挑戦する。「基本に忠実に。ここにしか頼めないと言われるモノづくりを追い求める」（同）考え。

▶会社概要

創業年月：1961（昭和 36）年 3 月
所 在 地：三重県桑名市大字星川 2350
電話 /FAX：0594-31-5158／0594-31-2048
資 本 金：500 万円
従業員数：19 人
事業内容：大型機械加工

URL：http://www.itohide.co.jp

積極的な設備投資で精密部品の加工を手がける

株式会社岩田鉄工所

微細な電子部品をプリント基板に装着するチップマウンター（電子部品実装機）。岩田鉄工所はチップマウンター部品など各種産業機械や航空機器部品、医療機器部品の精密部品加工を得意とする。加工対象はジュラルミンやインコネル、チタン合金、マグネシウム合金など、難削材と呼ばれるものを得意とする。岐阜県羽島市の本社工場には、5軸のマシニングセンター（ＭＣ）のほか各社のＭＣ、数値制御（ＣＮＣ）旋盤、ワイヤカット放電加工機など多種多様な設備が立ち並ぶ。精密加工部品メーカーとして地位を築いた同社だが、道のりは平たんではなかった。

●社是・企業理念

【社是】

会社の存在意義はその事業により世の中の人々に喜んで頂きその対価を得、納税という形で世の役に立つこと。会社の目的は、関わる全ての人を幸せにすること。

【社訓】

「これでいいのか」に則り、常に疑問を持ち自問自答を繰り返して「日本でしかできないモノづくり」に自信と誇りをもって進んでいく。

代表取締役社長
岩田　勝美 氏

社運をかけた設備投資で売り上げ3倍増

工業高校卒業後、大手メーカーでの修行を経て父の興した岩田鉄工所に入社した岩田勝美社長は、修行先と比べ設備が遅れていることに愕然としたという。「このままでは大手企業には相手にされない」（岩田社長）と危機感を持ち、父親の反対を押し切ってNC旋盤を導入する。1977年のことだ。まだ国内でNC工作機械を導入しているところは少なく、最初のNC旋盤は当時の年商の半分近い投資だった。まさに社運をかけた設備投資だ。ただ「自分には自信があった」の言葉通り、加工依頼が急増しその年の売り上げは3倍になった。その後も業績は好調に推移し、79年には法人化し、翌80年には新工場を建設した。現在も主力のチップマウンターメーカーとの取引もこの頃から始まる。

岩田社長のポリシーは「難しい仕事は請け負うが、簡単なものは断る」。その一例が航空宇宙関連。2010年に人工衛星部品の試作を手掛けたのを皮切りに、共同受注組織「岐阜航空

難削材を得意とする工場

岩田鉄工所の本社工場

機部品クラスター」に参画した。航空宇宙関連の品質マネジメント規格「ＪＩＳＱ９１００」も取得済みで、体制を強化している。

同社には営業スタッフがいない。薫陶を受けた先輩経営者から受けた「価値を高めて顧客の方から相談に来るようにしなさい」との言葉を守り通した結果だ。営業に出向く必要のない会社になった。

ネーミングにこだわり自社商品開発

「伸助さん」「マイクジョーダン」「一網打尽」「ワンタッチャブル」。これらは同社の開発した自社商品のネーミングの一部だ。「読者が選ぶネーミング大賞」を10年連続で受賞している。「伸助さん」は電動の伸縮杖、「マイクジョーダン」はリモコンでマイクを上下させるもの。「一網打尽」は店舗屋上に設置し強盗に襲われた際にネットを下落させる防犯装置。「ワンタッチャブル」はＮＣ旋盤用のスタートスイッチだ。自社商品の開発に本腰を入れ始めたのは、2008年のリーマンショック後。ネーミングにこだわりがあった岩田社長が1人で考え出したものばかり。自社商品の売上比率は1割に満たないが「岩田鉄工所はこんなこともできる、というイメージが確立しつつある」と、売り上げ以上の効果がある。

これら自社商品の開発・販売は関係会社のアイ・ティー・ケーが担当する。06年設立の同社は、岩田鉄工所の研究開発チームで構成される。人の手の動きに合わせてリアルタイムで再現する人型ロボアーム「ハンドロイド」など実用化が近い商品もある。

精密加工メーカーとして事業拡大しているが、岩田社長は「設備更新は積極的に行うが人員も設備もこれ以上増やすつもりはない」という。人員を増やせば仕事量を確保するために営業活動をせねばならない。すると「うちの良さが薄まってしまう」からだ。やみくもに規模を拡大するのではなく、本当に必要な会社を目指すのが岩田社長の夢だ。

▶会社概要

創業年月：1954（昭和29）年3月
所 在 地：岐阜県羽島市正木町新井319番地
電話/FAX：058-392-4525／058-392-6126
資 本 金：1000万円
従業員数：40人
事業内容：IT機器部品、航空宇宙機器部品、医療機器部品など精密部品の製造・販売

URL：http://www.itk.co.jp

精密部品加工に特化して技術磨く

株式会社太武《オオタケ》製作所

太武製作所は精密小物部品の切削加工・微細加工を得意とし、仕事は１００％受注生産。50年以上の社歴で手がけた部品は数万点にのぼる。内容も各種試作品から半導体関連部品、自動車関連部品、航空機関連部品など多岐にわたる。いずれも難易度の高い部品ばかりで、他社で断られたものや初めて製作するものでも1個から生産する。「顧客を驚かせるのがやりがいにつながる」という太田英二社長は工夫好きで自らもマイスターとして現場に入る。そのことは「経営という側面での善し悪しは疑問も感じるが、小さな企業では避けけて取れない道」という。

●社是・企業理念

顧客の信頼が最高の財産であり、健全な精神で社会に貢献し発展していくことに価値がある。

代表取締役
太田　英二 氏

量産モノから精密小物部品に移行

いわゆる「バブル景気」までは、量産ものを手がけていた。社員数も現在の3倍ほどで、ベテラン職人が汎用機で業務をこなしていた。大物加工メーカーに在籍後、同社に入社した太田社長は、社内装置のNC化の遅れに驚かされた。そこで先代社長に進言して何とかマシニングセンター（MC）を1台導入したが、当初は「誰も覚えようとしなかった」という。それでも何とか格闘していくうちに、次第に複合部品や複雑形状の部品の依頼が舞い込み、業態は次第に変わっていった。創業者の急逝により、32歳で就任した太田社長はバブル崩壊の中で既存顧客を失い、暗中模索の中で現在の業態に落ち着いた。品質に関する意識を高めようと他社に先駆けISOを取得し現在はJISQ9100に落ちついている。

ただ一品ものの精密加工品に特化すると、経営的には困難を強いられる。100%受注生産なので需要予測を

工場ではあらゆる金属素材の加工に対応する

手がける部品は多岐にわたる

立てにくい。受注品とはいえ余裕を持たせて生産するので、一定のロスが発生する。人材育成に時間がかかり、受注予測がない中でもある程度の準備は必要だ。「経営のロジックから逸脱した会社。経営計画など立てにくい。例えていえば消防署の救急隊員のようなもの」（太田社長）と笑うが、それでも生き残れたのは顧客との強い信頼関係がある。単に顧客から渡された図面通りにモノを作るのではなく、顧客が真に求めるものや、その業界独自の特徴などを読み取る努力を惜しまない。

あらゆる金属素材を加工してきた。耐熱合金のハステロイやインコネルといった難削材はもとより、純アルミや純銅など「柔らかい」金属も加工する。太田社長によると難削材よりも「柔らかい」金属の方が加工難易度は高いという。

規模拡大は目指さず

小人数で40台以上の工作機械をオペレートしているが、多能工化は図っていない。「手が空いていれば何でも取り組む」社員ばかりで無理強いはしない。社員の自主性を重視して、仕事内容に応じてカバーしあう柔軟な仕組みを作り上げた。

太田社長が20年来、取り組んできた仕事がある。半導体製造装置のカギになる微細な部品で、既存の加工機では対応できずすべて手作業。一切機械は使わない。製造工程は公開していないが、熟練と根気を要する仕事だ。「その日のコンディションによってできる個数が変わってくる」（同）が、継続的にオーダーがあり、太田社長にとってはライフワークのような仕事になった。

量産品から一品ものにかじを切っただけに、今後のマーケットを考えると規模拡大は目指していない。「製造業に携わる人々が再び脚光を浴び、次世代の後継者が育ってくれればうれしい」と、独自の経営路線を貫く。

▶会社概要

創業年月：1963（昭和38）年12月
所在地：岐阜県羽島市堀津町須賀中103番地
電話/FAX：058-398-1623／058-398-5350
資本金：2500万円
従業員数：10人
事業内容：試作・研究開発部品、半導体関連部品、航空機関連部品、医療関連部品、自動車関連部品の製造・販売

URL：http://www.mirai.ne.jp/~otk/

研削加工で社会に貢献

有限会社大堀研磨工業所

大堀研磨工業所は1968年の創業以来、50年以上にわたり精密部品の研削加工を営んできた。直径1ミリメートル以下の極小物から大物までの幅広い加工物に対して円筒研削、内面研削、平面研削、プロファイル研削、治具研削を施し、あらゆるニーズに応えている。職人の感覚が不可欠な難加工に挑戦するとともに、最新鋭の測定機器をそろえるなど品質保証体制も充実。研削加工で社会に貢献し、100年企業を目指している。

●職人技と最新鋭機が織りなす高精度加工

●社是・企業理念

日々、技術と心の向上を意識し、やりがいのある会社、社会・地域に貢献する会社を目指す。

代表取締役社長
大堀　憲 氏

数値制御（ＮＣ）により部品加工は標準化が進んでいる。同社はこうした現状とは一線を画し、「大堀研磨でないとできない」（大堀憲社長）職人による研削加工が大きな強みだ。薄物や細長い部品は研削加工時の熱で常に膨張したり、変形したりする。その変化を加工時の火花や音で判断しながら、職人がハンドル操作で微調整を繰り返し、仕上げていく。職人技に磨きをかけようと、加工技術レベルの向上と若手社員の教育、技術伝承に力を注いでいる。

顧客からの真円度や円筒度などの精度要求は高まる一方だ。そのため最新の研削盤や測定機を導入し、職人技との組み合わせで次世代産業向けの試作加工において要求精度をクリアしている。技術力の高さが信頼を呼び、取引先は８００社を超える。また工作機械のスピンドルやその周辺部品で培った技術は、航空宇宙産業の民間部品から防衛部品へと広がりを見せ、さらにロケットや

50年以上にわたり精密部品の研削加工を続けている

顧客の高精度要求に応える加工技術（内面テーパー研削）

フォーミュラワンのエンジン部品、体内医療部品などに生かされている。難削材の経験も豊富でアルミニウムやインコネル、チタンなどのテストカットから顧客と二人三脚で作り上げている。

工作機械の要素技術に磨き、事業領域を拡大へ

工作機械で培った要素技術は他業種進出の足がかりと位置付けている。高速回転と高精度が要求される工作機械のスピンドルの加工技術は、同社の技術基盤の要。要素技術を磨き上げることで、加工分野の裾野を広げていくことが大きな戦略だ。その矛先はまず航空宇宙防衛産業に向けられた。２０１０年にＪＩＳＱ９１００（航空宇宙のＱＭＳ）を認証取得し参入。工程管理や品質管理などのノウハウを得て技術レベルを底上げし、他業種の部品加工や品質管理の展開へつながった。旅客機やＨ２ロケット、人工衛星の部品の仕上げ加工も安全性の観点

から責任重大だが「社員にとって誇りとなり、やりがいにつながっている」（大堀社長）。

医療分野にも領域を広げ、11年に医療機器製造業認可を取得。炭素繊維強化プラスチック（CFRP）を使用した体内医療用具の量産加工を目指している。CFRPの穴開けや強度試験から始まり、紆余（うよ）曲折を経た後、臨床治験が完了。将来の大きな柱にと期待が高まる。

16年からは欧州で開かれる展示会に積極的に出展し〝日本の町工場〟の研削技術をアピールしている。受注額はまだ少ないものの、手応えは感じているようで「世界から注文が来る町工場」（大堀社長）の将来図を描いている。

また研削技術のコンサルタント事業にも取り組む。メーカーの設計や開発者の相談相手となり、工程設計から同社の経験やノウハウで貢献したいという。今後も社会や地域になくてはならない会社を目指し、技術と心を磨き続ける。

▶会社概要

創業年月：1968（昭和43）年8月
所 在 地：岐阜県各務原市蘇原寺島町1-9
電話/FAX：058-389-1811／058-389-1812
資 本 金：800万円
従業員数：55人
事業内容：工作機械、航空機部品などの精密加工

URL：http：//www.ohorikenma.co.jp/

精密加工、微細加工で顧客の難題を次々と解決

株式会社蒲郡製作所

蒲郡製作所はアルミニウムの精密加工を得意とする従業員12人の町工場。アルミ材に対する高い加工技術とノウハウを武器に、顧客が抱える部品加工の難題を多数解決してきた。顧客名簿には同社の技術・技能を頼りにする半導体製造装置や医療機器メーカーなどが名を連ねており、取引先の7割が大手企業だ。このほか、国際的な天文プロジェクト「アルマ望遠鏡」や宇宙航空研究開発機構（JAXA）が開発する人工衛星、ロケットなどにも精密部品を納入する。近年は微細加工でも存在感を増している。

●社是・企業理念

一、私たちは
微細で精密なモノづくりを追求し、社会の求める時代の夢を形にします。

一、私たちは
チャレンジ精神を大切にし共に学び、育ち合い幸せになれる企業を目指します。

一、私たちは
誇りを持ち、世界中のお客さまから信頼され、必要とされるまちこうばを目指します。

代表取締役
伊藤　智啓 氏

年間16億円以上のコストダウンを実現

同社は精密機器メーカーの下請け企業として1954年に創業した。光学機器や医療機器、ロボットに使われる複雑形状のアルミ部品加工に積極的に取り組むことで技術力を磨いてきた。アルミは柔らかいため加工時に変形するうえ、切りくずが切削工具に悪影響を与え精度や生産性が低下する。このため、銅やチタンと並んで加工が困難な素材として扱われる。しかし、伊藤智啓社長は「失敗の数だけ、アイデアがある」と自信を示す。柔軟な発想で数々の難題を解決してきた。厚さ0・5ミリメートルのアルミ薄板の加工が効率良くできず困っていた顧客に、部品のクランプ方法の変更を提案。この結果、加工時間を10分の1以下に削減し、年間16億5000万円のコスト削減効果をもたらした。また、医療機器メーカーの協力企業20社以上が音を上げた、長さ350ミリメートルの部品

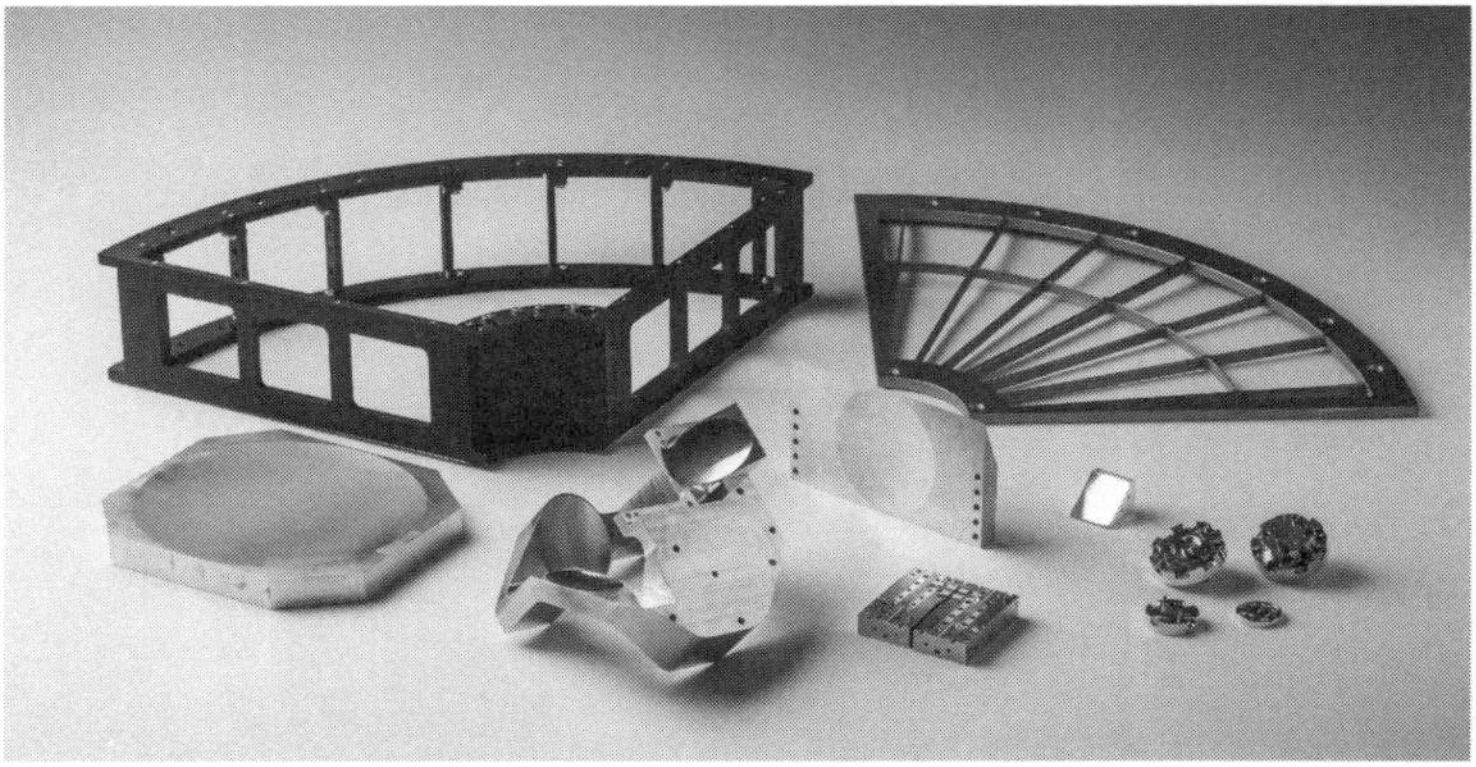

人工衛星や天体望遠鏡などに採用された精密部品

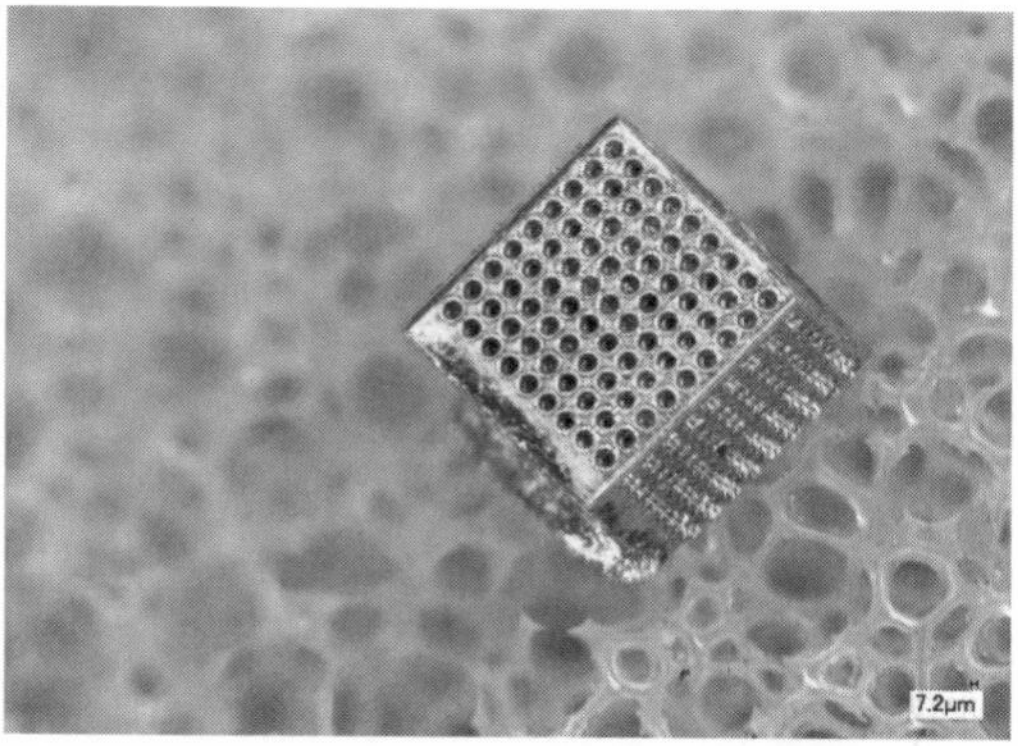

1mm角の18金に直径0.05mmの穴をあけた微細加工

の平面加工で平面度0・05ミリメートル以下という条件の難加工をやってのけた。中央部に長穴が開いた特殊形状で、通常の加工工程ではソリやねじれが発生し精度が出なかった部品だ。ここでは過去の失敗事例やデータを参考に試行錯誤し、最適な加工工程を設計して要求精度を達成した。このほか、数々の事例を知る顧客の間では、アルミ加工で困ったら「ガマセイさん」という評価が定着している。

直径0・1ミリメートル以下の微細工具を駆使

現在、微細穴開け加工や形状加工の依頼が増加しており「微細加工の研究成果が出てきた」と伊藤社長は語る。2007年、切削工具メーカーのオーエスジーが豊橋技術科学大学で開設した寄付講座に参画したことがきっかけ。この時、一般的な設備の町工場が手がけない直径1ミリメートル以下の穴開けや溝加工技術を確立することが新たな強みになると判断。当時、通信機器や医療機器の一部で微細加工のニーズがあると言われていたからだ。具体的な商談はなかったものの、研究を継続した。この結果、1ミリメートル角の18金製ブロックに直径0・05ミリメートルの微細な貫通穴を1面あたり81個開けることに成功した。この成果をホームページ（HP）に掲載したことで、微細加工の相談や依頼が舞い込むようになってきた。同社は1990年代後半から情報発信にWEBコンテンツを活用しており、JAXAとの関係も伊藤社長自身のブログから始まり、アルマ望遠鏡への部品納入までつながっていった。同社は微細加工を直径0・1ミリメートル以下の工具を使用した加工と定義づける。アルマ望遠鏡の部品は同0・08ミリメートルの切削工具で加工したものだ。伊藤社長は自社の強みを「人がやらない事にチャレンジすること」と言い切る。今後も新たな加工技術の開発に挑戦していく構えだ。

▶会社概要

創業年月：1954（昭和29）年7月
所在地：愛知県蒲郡市御幸町28-10
電話/FAX：0533-68-1155／0533-68-1156
資本金：2300万円
従業員数：12人
事業内容：OA機器・光学機器・医療機器・半導体関連機器・計測機器・燃料電池・光通信・ロボット・航空宇宙等の多品種少量の高精度部品加工、試作品製作、治具製作

URL：http://www.gamasei.co.jp/

難加工技術で海外市場を拓く

高洋電機株式会社

加工精度±3マイクロメートルを実現した純タングステン製ボルト。これが切削で加工されたとなれば、その技術レベルの高さは想像に難くない。ボルトを製作したのは金属切削加工を行う高洋電機。難削材を高精度で量産加工できる技術力を強みに電気自動車（EV）、半導体製造装置、医療機器向けなど成長分野で販路を拡大中だ。技術力の高さは国内に止まらず、海外市場からも注目されている。

難削材を高精度に量産

大手電機メーカーの協力工場として創業以来、70年の歴

●社是・企業理念

常に前進し反省せよ。

代表取締役社長
高祖　雅規 氏

史を持ち、旋盤加工技術を強みに自動車、産業機械、錠前など多様な金属部品加工を手がけてきた。しかし、08年のリーマン・ショック時は売り上げが激減し、経営の大きな岐路に立たされた。当時、機械設計の技術者だった高祖雅規社長は、着実に受注を獲得する同業他社との違いを営業力の差と痛感。自ら先頭に立って営業活動を本格化した。

営業先では長年磨いてきた切削加工技術を評価する声が多かった。中でも、切削のみで研磨レスのレベルに金属を加工し、工程集約を図れるハードターニング加工技術への関心が高かった。この時のことを高祖雅規社長は「自分たちが当たり前の技術と思っていたことが、大きな価値を持っていることに気づかされた」と振り返る。

受注活動を進めるうち、加工難易度が高いことで知られる純タングステン旋削加工の依頼を受けた。試行錯誤を続けながら径精度±3マイクロメートル、真円度1マイクロメートルの高精度加工に成功。これをきっかけに「量産」

ＮＣ旋盤200台など工作機械が並ぶ工場

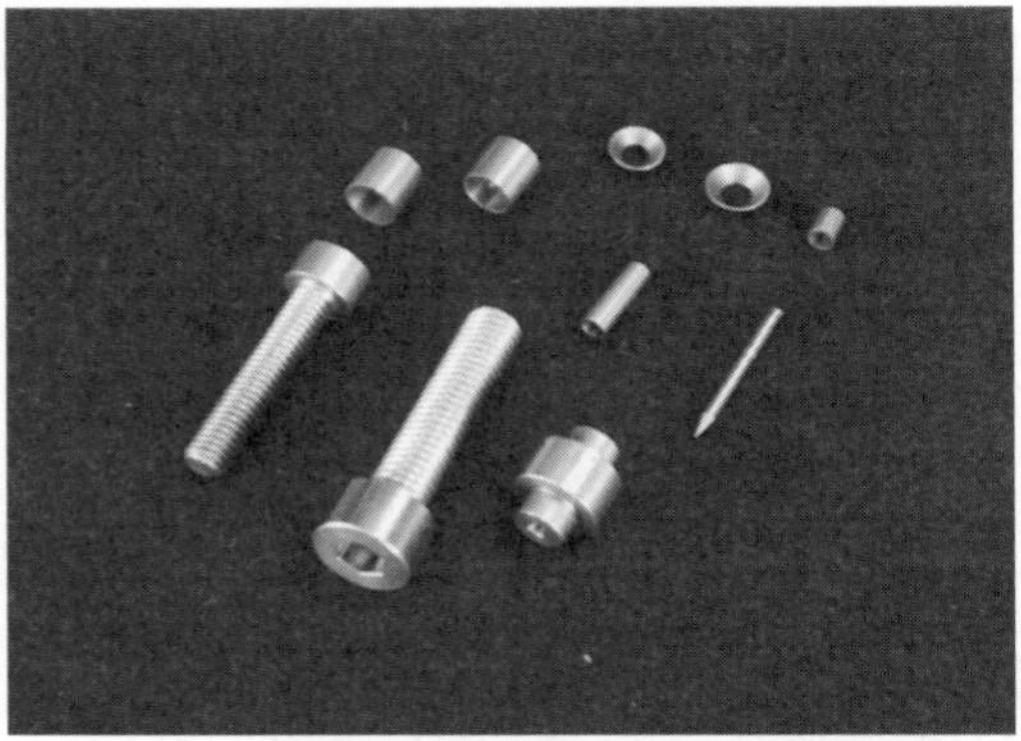

純タングステンの高精度・微細加工に対応する

「難削材」「精密・微細加工」という方向性が定まった。

現在、工場には数値制御（NC）旋盤200台、マシニングセンター（MC）30台のほか、各種研磨機が並ぶ。量産は月間100～1000万個に対応。鉄系、ステンレスなど一般的な材料とともに、タングステン、プラチナ、タンタルといった難削材の高精度・微細加工を手がけている。これまでに、純タングステンに加工精度±3マイクロメートルで月産8000個を生産した実績がある。「これを5万個、10万個ほしいといわれても対応は可能」（高祖社長）と胸を張る。

切削能率向上を目指して研究開発

難削材の高精度・高能率加工技術に磨きをかけようと、研究開発にも意欲的に取り組んでいる。その一つに、耐食金属材料「MAT21」製部品の加工法がある。切削液に微細な泡を発生させるウルトラファインバブルと、20メガパスカルの高圧クーラントを組み合わせる方法で切削加工能率の向上を図り、量産加工技術として確立を目指している。ステンレスの1000倍近い耐食性をもつMAT21は、半導体製造装置の部品材料として注目を集めている。研究開発中の加工技術が実用化すれば、部品の耐久性が高まり、製造ラインの稼働率向上への貢献が期待できる。

高付加価値の加工技術を武器に、これからは海外で取引先開拓を進める考えだ。この一環で、中国の電子商取引（EC）最大手「アリババ」を通じて技術、実績をアピールした。また、半導体や医療機器の有力市場である米国では、商社などとの商談を開始。現地顧客の開拓に手応えをつかんでいる。「難しい形状や加工で困っていたら、当社を頼ってほしい。当社はあきらめることなく、何度でもトライする」（同）と次のステージでも挑戦を続けていく考えだ。

▶会社概要

創業年月：1973（昭和48）年1月
所 在 地：三重県度会郡玉城町中楽639-1
電話/FAX：0596-58-2121／0596-58-2101
資 本 金：5000万円
従業員数：220人（グループ会社含む）
事業内容：各種金属加工、タングステンなど難削材の切削加工

URL：http://koyofirst.jp

大物精密加工でオンリーワンを目指す

瀬古工業株式会社

瀬古工業は工作機械や半導体製造設備などの大型部品の機械加工が主力。門型マシニングセンター（ＭＣ）３台、５面加工機４台、研削盤８台などを備え、大物部品の精密な機械加工から研削加工まで一貫対応を可能にする充実した設備が自慢だ。顧客は東海、関西を中心に「富山、石川、新潟県などの北陸地方にまで幅広く広がっている」（瀬古昌孝社長）という。機械メーカーとして創業し、熟練の技術者を中心に長年にわたって築き上げてきた確かな技術がユーザーから信頼を得ている証といえる。瀬古社長は「大型で精密なものは瀬古工業に任せたい、といわれる

●社是・企業理念

【経営理念】

顧客満足を第１として熟練技能の伝承をベースに精密加工（切削・研削）のオンリーワンを目指す。

代表取締役社長
瀬古　昌孝 氏

ようになりたい」とオンリーワン企業を目指している。

最新鋭設備を意欲的に導入

同社は瀬古社長の先々代が1945年に岐阜県で瀬古工務店として個人創業し、その後、瀬古工業として法人化した。大手製造業の工場が集積する三重県桑名市に移転した後、60年頃には自社開発した旋盤「SK式旋盤」を全国販売するなど機械メーカーとして名をはせていた。だが次々にライバル企業が台頭してくる中、中小企業の同社にとって新製品の開発の継続や、営業やメンテナンス体制の充実にかかる負担は大きくなる一方。75年を境に経営方針を転換し、機械加工の下請け業に徹するという現在の道を選択した。

機械加工の下請けとしては後発の同社が順調に受注を得ることができたのは、メーカーで培った高い技術力を持っていたことはもちろん、参入当初に仕上げの研磨工程を行

高精度に加工物を仕上げる大型平面研削盤

24時間無人化対応のパレットチェンジャー付門型MC

う設備を充実させていたことも大きい。当時、仕上げの設備を持つ同業者は少なく、大手にしかない研削盤を備えていたのがポイントとなった。さらに80年にはドイツから大型研削盤を導入。1台で3億円程度の投資となり、当時の同業者にとって破格の設備投資だったが、話題が話題を呼ぶ形で、各地に同社の名が知れ渡り、受注が増えていった。波に乗った同社はそれ以降、最新鋭のMCや5面加工機を意欲的に導入し、大物部品加工ができる体制を確立。今では大手工作機械や半導体設備メーカー向けの部品加工の受注に忙しく対応する日々だ。

新たな事業領域を開拓へ

瀬古社長は「今後も最新の設備を積極的に導入し、新たな加工技術の開発に邁進したい」と意気込む。現在、請け負っている仕事は工作機械部品が50%、半導体製造装置部品が50%程度で、中でも最新鋭の機械でしかできない精密な部品が増えているという。旺盛な受注を背景に2012年には第3工場を建設。新たにコンピューター数値制御（CNC）3次元測定機を導入し、部品の全数検査体制を強化。さらに15年には第4工場を建設しCNC門型平面研削盤を導入するなど、生産能力と現場力の強化を着々と図ってきた。

研究開発にも余念がなく、12年には「平成24年度ものづくり中小企業・小規模事業者試作開発等支援補助金」の採択を受け、チタン合金、ステンレス、インコネルといった難削材の高精度・高能率平面研削加工に着手。鉄以外に新たな事業領域の開拓を視野に取り組みを強化している。

「試作部品レベルだが、半導体分野ではステンレス材の部品加工も少しずつ増えている」（瀬古社長）という。難削材加工分野は、まだ途に就いたばかりだが、今後も研究開発の手を緩めることはなく、将来の新たな事業の柱としたい考え。

▶会社概要

創業年月：1945（昭和20）年10月
所在地：三重県桑名市東方388
電話/FAX：0594-22-1372／0594-23-7145
資本金：2500万円
従業員数：25人
事業内容：工作機械・産業機械・電子機器の大型部品・精密加工

URL：https://www.seko-kogyou.com

旋盤技術で未来社会に貢献

鶴ヶ崎鉄工株式会社

温かいぬくもりを感じる木造づくりの社屋エントランスに陽光が差し込む。コミュニティースペースには地域の子どもたちが集う。

鶴ヶ崎鉄工は、旋盤加工を得意とする金属加工業を手がける。2020年に完成した新本社はいわゆる〝町工場〟のイメージとは一線を画す。10年先を見据えて国連の持続可能な開発目標（SDGs）の思想を取り入れ、社員が働きやすく地域や環境と共存する設計とした。

●ニッチトップ目指す

●社是・企業理念

絆と笑顔をつくります

株式会社鶴ヶ崎鉄工は
1. 旋盤技術の可能性を追求し続けます
2. 私たちが関わるすべての人々・次世代の明るい未来を創造します
3. 日本のものづくりをサポートすることで、地域社会の発展に貢献します

代表取締役社長
鶴ヶ崎　兼也 氏

モノづくりの原点と言われる旋盤技術。一方で、NC機と違い経験や勘、コツを要するため、フライス加工などと比べ事業者数は圧倒的に少ない。鶴ヶ崎兼也社長はそこに勝機を見いだした。敢えてNC化の流れに逆行し、ニッチトップを狙う。「1個や2個ならNCに入力するより、作ってしまった方が早い」というニーズは確実にある。受注の95%は10個以下。良い旋盤加工業者を求めるニーズは根強く、評判はほとんど口コミで広がった。鶴ヶ崎社長が就任した7年前に6社だった取引先は現在、140社にまで増えている。名刺や本社の看板、製品の通い箱にも旋盤ロゴを描き、「旋盤の鶴ヶ崎」をビジュアルでも訴求する。

顧客からは「特急対応してくれる」「難易度の高い旋盤加工も、決してできないと言わない」などの声が集まる。困った時の駆け込み寺として信頼は厚い。保有する汎用旋盤は16台と、単品加工ではエリア最大級。NC旋盤やカスタマイズした最新設備も完備し、単品から量産まであらゆる顧客ニーズに

自分で考え、発想できるような指導を心がける

ＳＤＧsの思想を取り入れた設計の本社

こたえる。約40社の優良な外注先を抱え、材料から加工、黒染めなど仕上げまでワンストップで対応できるのも強みだ。

現在は鶴ヶ崎社長、父の鶴ヶ崎務会長、杉江律哉工場長の3人が技能伝授の役割を果たす。人材育成は「盗み方を教える」方針。手取り足取りでなく、自分で考え、発想できるように導く指導を心がける。「ウチに作業者はいらない。好奇心旺盛な人と一緒にモノづくりを楽しみ、挑戦したい」と志を共有できる仲間を求めている。

旋盤は昔からある技術だが、「日本人の考える力を発揮でき、中国など新興国との競争にも勝てる」と確信する。取引先は自動車や航空機、工作機械、工具、金型から化粧品関連と幅広く、「一業種の売り上げが全体の20％以上にならないようにしている」と、業種に偏らない受注を意識している。

絆と笑顔をつくる

モノづくりの追求と遊び心で、２０２０年には中小企業有志が開いた「第1回くだらないものグランプリ」に参加。旋盤加工技術と、切り粉までうまく使った精巧な100分の1スケールの本社のミニチュアを製作し見事、初代王者に輝いた。

『モノ』を売る会社から『技術』を売る会社へ。鶴ヶ崎社長の名刺の裏面には、会社が目指す理想の姿が描かれている。そこには次世代自動車が走り、ロボットが動き回り、空には航空機や宇宙ロケット。旋盤技術で未来の社会に貢献していくという強い意志を示している。社員や周りの人の笑顔は地域との絆を表す。地元特産のみかんや太陽に向かって咲く大輪のひまわりには、地域や協力企業と共存共栄し発展していく姿を重ねた。

鶴ヶ崎社長の信条は「蒔けて糧（負けて勝て）」。勝て（糧）を得るためには、負け（蒔け）が必要。負け（蒔け）ることによって手を知り、次に勝て（糧）るようになる。不屈のチャレンジ精神で、大きな夢の実現を目指す。

▶会社概要

設立年月	2006（平成18）年11月
所在地	愛知県豊川市御津町大草新田28番地
電話/FAX	0533-77-1611／FAX0533-77-1622
資本金	500万円
従業員数	12人
事業内容	事業内容＝旋盤加工、円筒研磨・内面研磨、フライス加工、ワイヤー加工、黒染め処理

URL：https://tsurutetsu.co.jp/

多品種小ロット、製缶から機械加工まで各種部品を一貫生産

町屋金属工業株式会社

町屋金属工業は産業機械などの各種部品の製缶、機械加工などを手掛けている。加工範囲は小物から大物まで幅広いのが特徴だ。試作などの単品物から量産品まで受注可能で、ユーザーの求めに応じ柔軟に対応できるのが強みだ。

2021年に創業65周年を迎えた老舗企業では、30代の若手技術者から熟練工までが同じ職場でいきいきと働く。長年培ってきた加工技術の評価は高く、工作機械メーカーや産業機器メーカーなど幅広く多くの顧客を獲得している。

そして経営理念にも掲げている自利利他の精神のもとに、顧客、仕入先、外注先、従業員、皆がウィンウィンの関係

●社是・企業理念

【経営理念】
自利利他の精神のもと
物心共に豊かな社会づくりに貢献する。

代表取締役社長
山下　真護 氏

になれる会社づくりを目指している。

ニーズをつかみ取引先拡大

同社は山下真護社長の先々代が1956年に個人創業してスタート。大手変速機メーカー、ポンプメーカー、ベアリングメーカーなどの協力工場として部品加工を行っていた。67年に法人化したのを機に大手産業機械メーカーとの取引が始まった。マシニングセンター（ＭＣ）、フライス盤、旋盤などの生産設備を増設して業容を拡大し、事業は順調に推移した。

山下社長が社長に就任したのは2011年8月。リーマンショックで売り上げは、大きく落ち込んでいた。「業績は回復基調にはあったが、まずは会社の体質強化に着手した」（山下社長）というように、真っ先に取り組んだのが、当時数社

加工中の汎用旋盤

中厚板を美しいビートで溶接

に集中していた取引先構成の改善。特定の取引先に依存せず、ニーズに幅広く、柔軟に対応できる技術力を武器に、更なる顧客の拡大に乗り出した。社長自らが先頭に立ち取引の途切れている企業など100社以上を1件1件丁寧に訪問したという。また、ネットを使った全国を視野に入れた販路拡大や、マッチングフェアにも積極的に参加するなど、自社技術などのPRにも努めた。現在では「月間約30社との取り引きがあり、どんなに多くても取引先1社あたりの売り上げに占めるシェアは10%程度。今現在も新規顧客は増えており、当時と比較すると体力強化は着実に進んだ」(山下社長)という。

熟練の技術、知識が大きな財産

同社は、工作機械メーカーや射出成形機械メーカー、プレス機械メーカー、自動化機器メーカーなど取引先は多岐にわたっている。工場の主な設備は大型旋盤や長尺旋盤、立・横MC、プラノミラー、各種フライス盤など充実している。製缶から機械加工まで一貫して受注できるのも強みで、技術陣の確かな腕がユーザーから高い評価を得ている。今後は徐々に設備の更新を進め、強みをさらに伸ばしていく方針だ。

若手から熟練工が支える製造現場では、70歳以上の技術者が元気に現役で働く姿を見ることができる。彼らの金属加工に対する知識や経験は、同社にとって大きな財産となっている。難しい加工内容のものであっても、培ってきた経験と知恵と工夫を重ね、話し合いながら作業に取り組んでおり、若手技術者の育成にもつながっている。現場では技術レベルは着実に上がってきているという。技術・技能の伝承が自然な形で行われているところも、高品質な同社のモノづくりに反映されている。

▶会社概要

創業年月：1956（昭和31）年8月
所 在 地：三重県三重郡川越町当新田136
電話/FAX：059-365-0086／059-365-3938
資 本 金：1500万
従業員数：15人
事業内容：鉄、ステンレス、鋳物などの製缶、機械加工

URL：https://machiya-kinzoku.work

4 板金・プレス・製缶・溶接

機械加工から製缶まで一貫体制敷く大物機械加工メーカー

神戸《かんべ》産業株式会社

神戸産業は神戸孝行社長の祖父らが戦前、毛織物の染色整理機械の製造で立ちあげた。大戦中は航空機部品を製造したが、戦後は再び染色整理機械に復帰し、機械製造の傍ら自社でも染色整理業を営んでいた。1980年代初頭に大型複合プレーナー（平削盤）を導入して大物機械加工に大きくかじを切った。市内の2工場で機械加工から製缶までの一貫体制を敷いているのが特徴だ。コロナ禍にあっても、同社の2020年9月期決算は増収を確保。両工場とも多忙を極めており「21年9月期も落ち込む要素はない」（神戸孝行社長）という。

●社是・企業理念

「売り手良し」「買い手良し」「世間良し」の三方良し。

代表取締役社長

神戸　孝行 氏

西工場の建設で2工場体制に

染色整理機械から撤退した後に手掛けたのが上下水道の鋼製金具部品。主に上水の可撓（かとう）管の部品だった。上水については需要が一巡したが、下水関係や船舶の防舷材、共同溝のジョイント部品などは継続している。売り上げに占める比率は下がったとはいえ品種が増え、今も20％内外を占めている。

大きな転機になったのはやはり大型プレーナーの導入。これ以前にも大型立型旋盤を導入しており船舶用発電機や送風機の鋼製フレームなどを製造していたが、プレーナーの導入で仕事の幅が広がった。さらに89年には大型複合プレーナーを追加導入し、大物機械加工事業を拡大していった。現在はプレーナーに代わり大型の5面門型マシニングセンター（ＭＣ）７台が稼働している。

さらなる転機は２０１１年の西工場（愛知県一宮市）の建設。これにより既存の末広工場（同）は機械加工、西工

溶接・製缶を行う西工場

親子クレーンを設置して大物加工に対応

場は溶接・製缶と役割分担が明確になった。同社の強みは材料の切断や溶接、機械加工、塗装まで自社での一貫体制を敷いている点。西工場はプラズマ切断機やレーザー加工機を保有し、より位置付けが鮮明になった。さらに20トンと10トンの親子クレーンを設置。名実ともに大物機械加工メーカーになった。主な製品は各種専用機や工作機械のフレームやベース、電子部品実装機のベースなどで最大で幅2・6メートル、長さ8メートルのワークを加工している。

定年を65歳に引き上げ技能伝承強化

社員の平均年齢が35歳前後の若い会社なので、資格取得を奨励しており、溶接関連やクレーン運転士などの国家資格を取得するための費用は全て出している。

技能継承も急いでいる。ベテラン社員の技能を若手に伝えるため、2020年から定年を65歳に引き上げた。

また65歳以上の在籍者10人のうち数名は特に熟達した経験値を持ち、それを活かした技能継承に抜かりはない。一貫体制が特徴だけに製造工程が長く、熟練作業者の知恵やノウハウが必要とされる部署は多い。とくに溶接工程での熱歪み対策は最も熟練度が必要とされる。「機械加工後の仕上げ厚に対し、可能な限り取り代の少ない鋼板を使い、材料費・加工時間を削りたいが、取り代に余裕のある厚板と違って熱歪みなどの溶接精度が問題になる」（神戸社長）からだ。単品ものが多く、自動化が難しい面はあるが、将来的には溶接ロボットの導入も視野に入れている。

このほど西工場の近隣に約4000平方メートルの工場用地を確保した。西工場とほぼ同規模の面積で、末広工場の移転を構想している。幅3メートルを超す超大物の依頼もあり、対応するにはもう一段大型のMCを導入する必要がある。末広工場が手狭になっていることもあり、数年後をめどに工場の再編を完成させたい考えだ。

▶会社概要

創業年月：：1927（昭和 2）年 1 月
所 在 地：愛知県一宮市末広 1-23-22
電話/FAX：0586-45-3344／0586-45-1881
資 本 金：1440 万円
従業員数：90 人
事業内容：鋼鉄製の産業機械用ベッド、フレーム、ベース、電子部品実装機用ベース、上下水道・共同溝継手金属部の製作、加工

URL：http://www.kanbesangyo.co.jp

先進技術とモノづくりの技との融合で創造と挑戦を続ける

ダイソウ工業株式会社

ダイソウ工業は自動車用プレス部品加工で培った技術力を建設機械、医療・介護用ベッドなどの部品加工へ展開し、事業領域を広げている。設計・開発にも取り組み、安定した品質と短納期が持ち味だ。海外展開も進めており、中国に部材調達機能、タイに生産拠点を持つ。ロボットを活用した生産現場の自動化など先進技術も積極的に取り入れており、モノづくりの技との融合で創造と挑戦を続けている。

グループ一体となった事業領域拡大

●社是・企業理念

【社訓】
和を尊び　信用を重んじ
誠意を以って　確実を旨とする。

【経営理念】
時代の波に打ち勝てる
強さ（したたかさ）としなやかさを持ち、
人に必要とされ、
幸福を味わえる企業を目指し、
貪欲に　時に豪快に　成功を収める企業となる。

代表取締役社長
川口　宗一 氏

鋲（びょう）螺の製造、販売で創業し、1972年から二輪車や自動車のプレス部品加工を開始した。事業拡大に合わせて、溶接部門の増設、金型製造設備の導入など生産設備の充実を図り、95年に本社・工場を津市の北神山工業団地に移転した。

その後も金属部品製造加工により安定した業績をあげる一方、2016年には建設機械部品の塗装事業にも進出。徹底した自動化と省力化に取り組み、顧客の最終製品組み立てスケジュールに即応した納入を実現することで、高い受注実績を継続し売上規模を拡大してきた。

グループ企業による積極的な海外事業展開は、同社の大きな特徴。グループ全体のグローバル調達を担うS．K．コーポレーション（三重県亀山市）では加工用部材の輸入業務を行い、韓国、中国、タイから建機、医療ベッド用の部材（金属、樹脂、アルミダイキャストなど）を調達している。01年には中国に進出。現地法人の南通大松商貿（南

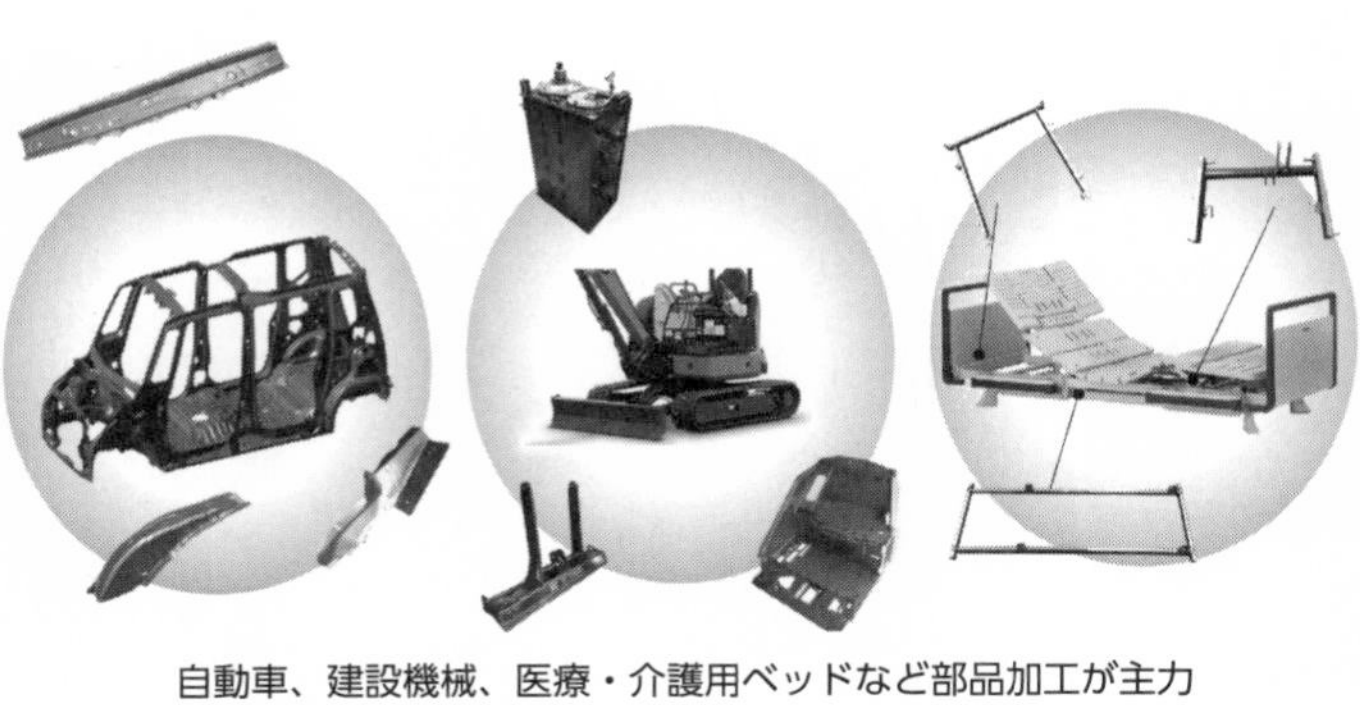

自動車、建設機械、医療・介護用ベッドなど部品加工が主力

徹底した自動化と省力化で高い受注実績を継続

通市）で医療・介護用ベッドの部品を取り扱っている。

さらに、２００４年にはタイへ進出。現地法人のダイソウ・ハグ・タイランドでは、自動化したプレス部品加工ラインを設置しているほか、新たな塗装設備導入により生産、販路拡大を積極的に進めている。

新たな創造と挑戦

20年12月には、同社初の企業買収として省力機器メーカーの東海精機（三重県菰野町）をグループに加えた。後継者難だった東海精機の工場自動化（ＦＡ）関連事業を承継し、ＦＡ設備のシステム提案から製造まで事業領域を拡大する。

東海精機はパーツフィーダー（部品供給装置）や自動搬送装置など、自動車、機械、電機関連のＦＡシステム開発・設計・製造が主力。食品や飲料、医療といった分野の自動化システムの開発にも事業領域を拡大し、

「FAトータルシステムエンジニアリングメーカー」として顧客ニーズに一貫して応えられることを強みとしている。13年には、沖縄県うるま市の経済特区・国際物流拠点で新たに製造工場を稼働させた。川口宗一社長は「技術力の強化、営業拠点の拡充を進めていく」と意気込む。グループ全体の連結売上高は20年8月期で約75億円だが、25年8月期は100億円以上を目指している。

創造と挑戦は、生産活動だけではない。管理監督者層の継続的なスキルアップ研修や現場担当者の自発的改善活動など、会社全体のレベルアップにも積極的に取り組んでいる。また、ベトナム人留学生採用、タイ人、ミャンマー人技能実習生受け入れを通じて、さらなる海外展開拡大も視野に入れている。

活動方針である「無理なことはない。まず行動」を力強く実践する同社の創造と挑戦は、とどまるところを知らない。

会社概要

創業年月：1955（昭和30）年1月
所在地：三重県津市芸濃町北神山工業団地1470－3
電話/FAX：059-265-5700／059-265-5660
資本金：1000万円
従業員数：200人（グループ全体430人）
事業内容：建設機械部品の製造・塗装、自動車用プレス部品の製造、医療・介護用ベッド部品の製造

URL：https://www.daiso-ind.co.jp

5

熱処理・表面処理・メッキ

「写真と化学」をベースに独自商品開発

株式会社華陽テクノ・プラザ

機械やプラントなどに会社名や製品名を記したネームプレート（銘板）は、かつては必ず貼付されていた。華陽テクノ・プラザの前進である華陽技研工業は、創業者松波廣三会長が写真製版会社の一部門から独立してスタートした。１９６５年に設備を一新し現在の本社工場所在地に移転した。60年近い社歴があり、業態は微妙に変わってきたが「写真と化学」、印刷技術というコア技術に変わりはない。これを核にどん欲に新規分野を開拓しようとしている。

●社是・企業理念

お取引先すべてが「縁」で結ばれていると感謝の念を抱き、ご期待にそえるように常に新しいアイデア、新製品の開発に尽力する。流動する情報の中から的確に必要な情報をピックアップし、クライアントの意図するパーフェクトな商品をお届けする。

会　長
松波　廣三 氏

「逆転の発想」で独自の表面装飾技術を開発

ネームプレートで実績を積むとともに、エッチングやアルマイト染色など新分野にもチャレンジしていった。その延長で1969年には民生用プリント基板に進出した。しかし大手企業が次々参入する中で、限界を感じ77年には休止している。同時期に船用コンテナー用銘板を大量受注しうまく切り替えることができた。

一つの転機は74年に外注先だった金銀の特殊めっき会社を吸収合併したこと。これにより「写真と化学」の融合が始まった。吸収した会社は伊勢海老やパセリの葉にめっきする特殊な技術を持ち、装身具などの需要があった。国内では大手百貨店ルートで販売し、海外にも売り歩いた。松波会長は単身渡欧し、フランクフルトメッセなどで展示すると同時にドイツに販売拠点を設置。さらにアメリカや韓国、台湾などにも拠点を設けた。

主力事業となる「メターテック」を開発し生産を開始し

表面装飾技術を生かした高級缶バッジ

アート関連分野にもチャレンジ（南部鉄瓶）

たのは1986年。ステンレスの表面装飾技術で、日米で特許を取得した独自技術だ。通常の装飾法はエッチングで文様を凹状に加工する。これに対して「メターテックはまったく逆の発想」（松波会長）で、凸状に加工するのが最大の特徴。ステンレスに金や銀を盛り上げて密着させるので、感触は柔らかくしかも光が乱反射するので見栄えも良い。盛り上げた金属と基材とは化学反応で同化させており完全に密着している。よって切断や折り曲げ、プレスなどの加工を施しても剥がれることはない。ステンレスはめっきできないという常識を打ち破った技術でもある。

建材やアート分野も狙う

写真と化学をベースにした商品開発はさらに進化している。「今後狙うのは建築建材とアート」（同）との宣言通り、着々と布石を打っている。高級家具や建築物の内装に適したエンブレムを開発。建材分野に進出しようとしている。これも「メターテック」の技術を応用し、独自の電解めっき技術でステンレス上に金や銀を密着させる。

またアート関連では、2014年に岩手県の伝統工芸品である南部鉄瓶に純金を装飾した「金之華」を商品化した。基材に完全に密着しており、火にかけても剥がれることはない。高級感があり高価な商品だが、中国などの富裕層に人気があるという。日本だけでなく中国でも商標登録ができ、中国での販売提携先も見つけた。さらに近年急速に拡大しているのが、美顔器をはじめとする美容機器の分野。エンブレムのほか肌と接する部分をメターテックで加工を施す。

華陽技研工業として発足して50余年。16年には社長を長男の広聖氏に譲り社名変更して現体制になった。製販一体が目的だ。より高付加価値の商品を開発し、市場開拓を進める。

▶会社概要

創業年月：1963（昭和 38）年 9 月
所 在 地：岐阜県岐阜市市橋 4-9-5
電話 /FAX：058-273-8888／058-273-8878
資 本 金：1200 万円
従業員数：55 人
事業内容：各種ネームプレート、エンブレム、貴金属加工品の製造販売

URL：http://www.kayoh-tech.co.jp/

焼鈍・ショットブラストのトップメーカー

武山工業株式会社

社会を支える鉄になる

鋳造、機械加工、鍛造やプレス、溶接などの金属加工は、いずれも熱や圧力で金属内部に歪み（内部応力）が生じる。見た目に問題がなくても新たな加工や経時変化で応力が表出すると部材が変形してしまう。これを防ぐため金属を600℃前後に加熱してゆっくり冷まし、金属から内部応力を取り除くのが低温焼きなまし、すなわち焼鈍だ。高精度や安定性を求める鉄や鋼の部材では特に不可欠な焼鈍で、武山工業は東海地区のトップメーカーだ。

●社是・企業理念

お客様第一主義を掲げ、最高の品質を持ってお客様に報いる。

代表取締役社長
武山　直丈 氏

1935年に鋳造で創業した。39年に現本社所在地で自社工場を稼働。その後、焼鈍や焼鈍後の鉄の酸化皮膜を取り除くショットブラストに事業を広げた。現在は焼鈍とショットブラストが主力。鋳造や溶接、防錆塗装、機械加工も引き受け、一貫加工の要望に対応している。

工作機械や自動車業界などの専用装置の部品や金型、治具などの処理が得意で、工作機械向けはベッドやコラム、しゅうどう部周りなど加工精度を左右する重要部品が中心だ。正に「鉄に命を宿す」仕事。自動車業界や有力工作機械メーカーに頼りにされ、社会を陰で支える存在だ。

工場は本社工場、南陽工場（名古屋市港区）、豊川工場（愛知県豊川市）の3拠点だ。豊川工場には長さ16・2×幅4・5×高さ3・5メートルと東海地区最大級の焼鈍炉を持つ。南陽工場は本社工場と

東海地区最大級の焼鈍炉（豊川工場）

本社社屋

連携し、20トン級を含む鋳物などの重量物処理を得意とする。各工場、焼鈍内容に合わせたショットブラスト設備も備えている。

焼鈍は1時間に約80℃のペースで加熱し600℃前後で2時間から4時間ほど保持し、約10時間かけて温度を下げる。1サイクルが丸1日近い長丁場。これを火の加減のみで制御する。日々の処理量の多さと長い歴史から技術蓄積は抜群だ。「温度の上げ方、保持の温度と時間、冷却のそれぞれにノウハウがある」と武山直丈社長は説く。

歪んだ部材を矯正する仕事も定期的に依頼される。鋳物のプロが予想できずに表出した歪みにぎりぎりの負荷をかけて形を戻す。同社の仕事の繊細さを「だだをこねる材料の機嫌を直す」と武山社長は表現する。

今では一般的なコンピューターでの温度制御も業界に先駆けて導入した。さらに個々の熱処理の時間ごとの炉内温度変化を計測しグラフとして長期間保管。品質の証《あかし》として「熱処理証明書」も発行する。「30年前のグラフも出せる」と武山社長。IoT（モノのインターネット）を活用したデータの自動収集とクラウドコンピューターでの管理、人工知能（AI）による診断も視野に入れている。

自分で考える人材を育成

「社員も東海一の誇りを持っている」と武山社長。人材を大切にし、65歳定年の上、希望者はさらに5年、10年働ける。そして今後の経営課題に挙げるのも「人づくり」だ。運転の自動化は進むが、「仕事は特殊。自分たちでやらなければ誰も教えてくれない」と武山社長。「ベテランのノウハウを共有して継承しながら、自分で考え自分で行動できる若手を育てる」とし、「新しい素材にも積極的に挑戦する。電気自動車（EV）や医療、航空機、発電機などの関連を伸ばす」と意欲を見せる。

▶会社概要

創業年月：1935（昭和 10）年
所 在 地：名古屋市中川区玉川町 3-1
電話 /FAX：052-651-3458／052-652-0122
資 本 金：2000 万円
従業員数：35 人
事業内容：焼鈍、ショットブラスト、鋳造、溶接、塗装、機械加工

URL：https://takeyama-kogyo.jp/index.html

豊富な現場経験を生かす金属熱処理専業

株式会社中遠熱処理技研

中遠熱処理技研は創業48年の金属熱処理専業メーカー。浸炭焼き入れなどの鋼の焼き入れ表面熱処理、真空熱処理、光輝焼準や応力除去焼鈍などの素形材熱処理、アルミ・マグネシウムなどの非鉄熱処理の大きく4分野の金属熱処理加工を行う。自動車、二輪車、工作機械など幅広い業界に顧客３００社を持ち、加工する部品はエンジンブロックやトランスミッションのギヤ、シャフトなど多岐にわたる。最新熱処理設備26機を使い、さまざまな熱処理ができる強みと現場での豊富な経験を生かし、部品のテスト加工の請負や一部の航空宇宙部品の加工にも参入し事業を拡大している。

●社是・企業理念

熱処理技術を革新してお客様に喜ばれる製品を提供しよう。

代表取締役社長
高田　直由樹 氏

航空宇宙分野に参入

同社が行う熱処理は、浸炭焼き入れ・ガス軟窒化・光輝焼き入れ焼き戻しなどができる鋼の焼き入れ表面熱処理や真空熱処理、素形材料熱処理を行う光輝焼鈍・光輝焼準、アルミニウム、マグネシウムなどの非鉄熱処理。ガス軟窒化では窒化センサーを用いて制御しており、高田直由樹社長は「静岡県で最初に導入した」と語る。またアルミニウム熱処理では要望によって歪み除去などの中間修正を行う。一般的にはアルミニウムの溶体化は水冷で行うが、歪みやすい薄肉の製品はミストなどの冷却や風冷溶体化炉も用いている。

新たに参入した航空宇宙業界向けでは防衛部品などのハイスペックな部品の受注を目指し、容積の大きい真空炉の設備を導入。設備付随の計測器も航空宇宙部品の品質規格に対応している。アルゴンガスによる冷却だけでなく、窒素ガスでも冷却が可能。容積が大きい設備のため一度に多数の熱処理が可能で、自動車部品などでも価格競争力を発

航空宇宙部品に対応する真空炉

本社敷地内に新築した工場棟

揮する。

航空宇宙分野の部品加工は、先行している同業者が多く、王道の真空炉を使用した鋼系の材料は難しいという。そのため、アルミニウムやマグネシウム合金など、競合が少ない材料の加工も行う。方向転換が柔軟にできたのも「幅広い分野で熱処理加工ができることが強み」（高田社長）だからだ。大手企業から依頼されるテスト加工も週に2、3本受けており、技術者らと理想とする金属の特性を追求している。

金属熱処理技能士が多数活躍

対応できる製品を増やすため、常に設備のスペックを高めておくことも意識している。収益は落ちるが「業界での評判は高まる」（同）と話す。また2017年には南工場を完成させ、18年に設備を導入。生産能力は約1・3倍に拡大した。

設備を最大限に生かすためにも基礎知識の習得が欠かせない。実際の現場では経験したことのない加工の依頼も少なくないからだ。技能向上の一環として資格取得を奨励しており、現在20人の金属熱処理技能士の有資格者が活躍している。

加工現場ではユニークな取り組みがある。「初めて」「変更」「久しぶり」の「3H」のタイミングで、人（man）、機械（machine）、方法（method）、材料（material）の「4M」の変化点に注意を払った行動を重視。品質不良などのリスクを未然防止でき、品質向上に繋げている。

今後は同業者との協力体制構築を目指す。現在も、自社に持ち込まれた受注案件でも加工の難易度、コストなどの条件によっては他社を紹介することもあり、反対に他社からも紹介を受けることもあるという。「お客さまが困った時に、すべてに対応できる熱処理加工チームを作っていきたい」と中小企業間で仲間作りをしていく。

▶会社概要

創業年月：1972（昭和 47）年 12 月
所 在 地：静岡県掛川市薗ヶ谷 840-1
電話 /FAX：0537-24-5566／0537-24-5567
資 本 金：2000 万円
従業員数：42 人（パート社員を含む）
事業内容：各種金属熱処理加工、ショット加工・検査など

URL：http://www.chuen-ht.jp/info/index.html

独自の加工技術で自動車業界を支える

中日クラフト株式会社

金型部品への硬質クロムメッキ表面処理を生業として、1958年名古屋市北区に中京硬質クロムとして創業。後に現在本社を構える愛知県春日井市に移転し、99年に現社名の「中日クラフト」に改めた。トヨタ自動車や日産自動車などの完成車メーカーを主要顧客に持つ、愛知ブランドにも選定された「技」を持つ企業だ。

同社は四つの事業を展開する。「メッキ表面処理」、「金型設計・生産」、「レーザ加工」、そして「樹脂加工」だ。毛利陽一社長は「創業時から顧客は変えず、窓口を増やしていった」と話す。仕事の多角化を図り、収益の安定を確保してきた。

●社是・企業理念

「知恵と創造力」

1分1秒に責任を持ち、完成度の高い技術力で、国内業界シェアNo.1を目指す市場ニーズにあった研究と開発に努め、魅力のある技術・ノウハウをお客様へ提供するグローバルで革新的な経営により、各国・各地域の企業との成長と共存共栄をめざす各国・各地域の環境課題を踏まえた自主的な改善活動の取り組を、継続的に推進する。

代表取締役社長
毛利　陽一 氏

レーザ加工でコロナ禍を乗り切る

その中で今、同社が最も力を入れる事業がレーザ加工だ。2005年に参入し、現状は売り上げの約10％を占めており『三つ目の柱』に位置づける。

「国内にもっとレーザ加工を普及させたい」。毛利社長はこう力説する。国内でレーザ加工を行う場合、機械が高いなどの理由で加工賃が高額になってしまう。そのため車部品のような加工でレーザ加工を使うことは難しく、生産設備や金型の補修が大半を占める。

この現状を踏まえ同社は21年をめどに、高出力のレーザ加工機の生産・販売を計画中だ。今まで2人だった研究開発部門も4人に増員。研究開発でもレーザ加工技術に注力する。10年以上積み上げた加工ノウハウを生かし、後れをとる国内市場にレーザ加工普及を目指す。

そのためにも、社内の技術力向上も図る。19年には九州工業大学工学部の山口富子准教授と共同で、低炭素鋼や鋳

御幸工場にあるレーザ焼き入れ機

仕事の多角化を図り、収益の安定を確保してきた

物の表面をレーザにより部分的に硬化させる「PCQ処理」を確立。同技術で特許を取得した。

今後の方針について毛利社長は「安価で高出力のレーザ加工機を生産・販売し、中小でも手が出せるようにしていきたい」と意気込みを語った。

売り上げの40％を占めるメッキ加工事業は、自社開発の「クロマックス」が強み。従来の硬質クロムメッキ加工と比べ被膜硬度が20％以上高く、多方向からの負荷に耐えることができる。金型などの加工で用いることが多いという。

また19年には、新たに樹脂加工事業を内製化。04年M＆A（合併・買収）により子会社としたライズプラスチック（さいたま市桜区）を吸収合併し、機能を高めた。

海外にも事業を展開する。現在は米国やメキシコ、タイの3カ国に拠点を構える。きっかけは各国に進出した日系企業からの依頼。ここからブラジルや中国などへ、硬質クロムメッキ加工技術支援を行ってきた。

今後の海外展開について毛利社長は「今後は、海外企業に拠点進出をお願いされるような、注目される技術開発を行っていく」と話す。

●「ITプロジェクト」を発足

デジタル変革（DX）も急ぐ。新たに2020年「ITプロジェクト」を発足。現状を把握し、業務効率化を目的にツールの導入を検討する。

また会員制交流サイト（SNS）を活用して社外に情報を発信する「SNSプロジェクト」も、21年内の立ち上げを予定している。専属の担当を配置し、SNSを活用する。

新型コロナウイルス感染症拡大で、展示会や営業活動が難しくなり外部との交流が減少。「自ら発信することで、広範囲に営業活動を展開したい」（毛利社長）と、ニューノーマルに応じたSNS戦略を展開する方針だ。

▶会社概要

創業年月：1958（昭和33）年8月
所在地：愛知県春日井市御幸町1の3の21
電話/FAX：0568-31-4005／0568-31-0878
資本金：2000万円
従業員数：118人（2020年現在）
事業内容：表面処理加工、金型設計製作・部品加工、レーザ肉盛り溶接・レーザ焼き入れ、レーザ加工装置の設計製作、、プラスチック成形、AIソフト販売

URL：http://www.chu-cra.co.jp/index.html

高周波焼き入れ技術の進化で産業界に貢献

東海高周波株式会社

東海高周波は高周波焼き入れ加工の専門事業者として、さまざまな製品や部品の熱処理を手がける。長年培ってきた技術とノウハウを駆使し、独自に長尺物への高周波焼き入れ技術を開発。熱処理による歪みを抑え高精度も実現したことで、長尺のシャフトやボールネジなどのユーザーから高い信頼を獲得した。このため、同社の顧客には大手工作機械や産業機械、機器メーカーの名前がずらりと並ぶ。同業他社にない技術力を武器に、市場を開拓してきた同社が近年、次代を担う技術として力を入れているのが高周波誘導加熱技術。単品でも熱処理が可能なため、究極の熱処

●社是・企業理念

一、至誠至善を基としましょう
一、和衷協同を旨としましょう
一、堅忍力行を礎としましょう

代表取締役社長
廣瀬　雅弘 氏

理技術と期待する。

独自の技術で小径長尺シャフトへの熱処理を実現

同社が得意とするのは長尺シャフトやボールネジの高周波焼き入れ。従来、直径6ミリメートル以下のシャフトは、長さ400ミリメートル程度までが限界だった。これを、回転しながら加熱部分を引っ張る独自の加工法を開発。小径でも2メートルの長尺シャフトの高周波焼き入れを可能にした。また、同社は「焼き入れの段階で歪ませない」のが基本姿勢。それどころか熱処理で歪みを矯正し、素材の受け入れ時よりも、高精度に矯正して納入するケースもある。

廣瀬雅弘社長は「熱処理は冶金学」と言い切る。現在、豊富な知識と経験を生かし特殊鋼への高周波焼き入れ技術の開発に取り組んでいる。特殊鋼の熱処理は、真空焼き入れが一般的で、高周波焼き入れでは難しいとされている。この2年間、試行錯誤を繰り返して直径8ミ

長尺シャフト焼き入れ

SKD11部分高周波焼き入れ（冷間ダイス鋼）

リメートル、長さ2メートルの特殊鋼シャフトへの高周波焼き入れテストに成功した。さらに、これまでに得られた条件をベースに、さまざまな特殊鋼への展開を目指し、研究を進める方針だ。廣瀬社長は「高周波焼き入れできる素材が増えれば、モノづくり改革につながる」と訴える。近年、熱処理済みの材料を、高精度加工できる工作機械が出てきている。こうした機械の導入が進めば、熱処理した素材から荒加工、仕上げ加工と一気に加工でき、手間やコストの大幅削減を実現できる。

●高周波誘導加熱でモノづくりを変革

次世代の熱処理技術として開発に力を入れているのが高周波誘導加熱技術。電子レンジと同じ電磁誘導の原理を利用し、金属を自己発熱させることで熱処理する。必要な部分を狙って熱処理ができるのが特徴で、1個だけという顧客ニーズにも対応できる。従来の熱処理では炉や釜の中に入れて熱処理するため、こうしたニーズの対応が困難だった。「究極の熱処理技術」

（廣瀬社長）と期待を寄せる。

誘導加熱の活用に向けた技術開発をスタートさせたのは20年以上前で、長年研究してきた技術。しかし「時代に合わないと、どんな技術も生かされない」（同）とタイミングをうかがってきた。素材の品質改善方法として誘導加熱を利用した特殊鋼の固溶化処理や丸棒素材の焼きならし、調質などでの需要が増加している。この動きを追い風に、非鉄金属や炭素繊維といったこれまであまり手がけてこなかった素材にも挑戦していく。

同社が手がける高周波焼き入れや高周波誘導加熱はいずれも、必要な部分だけを熱処理できるため、炉内をバーナーの熱によって高温にする必要のある熱処理炉に比べてＩＨ技術は二酸化炭素（CO_2）排出量を大幅に抑えられる。地球温暖化の要因とされる温室効果ガスの排出量削減は、産業界にとっても最重要課題となっている。モノづくりの技術で環境問題解決にも貢献しそうだ。

▶会社概要

創業年月：1963（昭和 38）年 9 月
所 在 地：名古屋市中川区松ノ木町 1-46
電話 /FAX：052-351-7341／052-352-5181
資 本 金：2040 万円
従業員数：25 人
事業内容：工作機械部品、ベアリング部品、一般産業機械部品、治工具類の高周波焼き入れ受託加工。シャフト用鋼材の販売

URL：http://www.t-koshuha.co.jp

顧客ニーズに応じた最適な工業炉を提供

中日本炉工業株式会社

中日本炉工業は工業炉の専門メーカー。真空炉を中心にフルオーダーメードで設計から製造、販売、メンテナンスまでを自社で一貫対応し、顧客ニーズに応じた最適な工業炉を提供。納入実績は700社を超える。自社製炉を使って熱処理加工の受託も行っており、豊富な熱処理ノウハウに裏打ちされた炉製作、熱処理の技術開発を推進している。人工知能（AI）、IoT（モノのインターネット）に対応する「スマート工業炉」、プラズマを熱源とする装置開発など次世代工業炉の実用化研究にも注力している。

●社是・企業理念

【企業理念】
顧客に利益を与え、社会に貢献する。

【品質方針】
品質至上主義に徹し、顧客の信頼と満足に足る品質を提供する。

代表取締役
後藤　峰男 氏

次世代工業炉の開発進む

製造する工業炉の多くが顧客仕様による専用機。試作、テスト処理を繰り返して顧客仕様に作り込んでおり、処理ノウハウが確立した状態で顧客に納入される。「炉製作技術と加工ノウハウを併せ持つことで、用途開発などで強みになっている」（後藤峰男社長）という。小型真空炉「ＮＶＦシリーズ」はこうした技術の蓄積から生まれたロングヒット商品で、全国シェア50％の実績を持つ。工具鋼の焼き入れ、焼き戻し処理、チタン系各種特殊鋼の焼鈍処理など国内外の幅広い分野で採用されている。

技術開発で炉製作技術と両輪を成しているのが受託加工を担う熱処理部門。自社製のＣＶＤ（化学気相成長）装置、真空熱処理炉を設置し、焼き入れ、ＣＶＤコーティングの受託加工を通じてノウハウを蓄積。豊富な熱処理技術は顧客に提供されるとともに、新たな炉製作、

国内初となるアクティブスクリーンプラズマ窒化装置の開発を着々と進める

炉製作と受託加工の両輪で豊富な熱処理技術を蓄積

アフターサービスにも生かされている。

製造現場でも実用化段階に入ったＡＩ、ＩｏＴ活用も、技術開発の視野に入っている。ＩｏＴに対応するスマート炉は経験値を盛り込み、各種センサーや通信ユニットを組み込み、稼働状況や故障予知、異常検知などに役立てる。また、次世代炉と位置づけている国内初となるアクティブスクリーンプラズマ（ＡＳＰ）窒化装置の開発も着々と進めている。熱効率がよく、表面荒れや窒化ムラを抑えた「光輝窒化」処理を施すことで均一に仕上がり、研磨など後工程を削減でき、環境対応の面からも普及が期待できる。

ＤＸ戦略を加速

愛知県の優れたモノづくり企業を対象にした「愛知ブランド」に認定されるなど、同社のモノづくりの姿勢は社会的にも高評価を得ている。業務の高度化に向けてＩＴ活用に早くから取り組み、その成果として、ディープラーニング（深層学習）による熱処理条件の自動設定技術として確立した熱処理レシピ生成システム「ＤｉＭＡ」が「20年度情報化促進貢献個人等表彰　経済産業大臣賞」を受賞。現在はデジタル変革（ＤＸ）戦略へと発展し、メンテナンス業務の効率化などで実証を重ねている。業務効率化の取り組みは働き方改革にもつながり、２０２０年に愛知労働局から長時間労働の削減に積極的に取り組むベストプラクティス企業に選ばれるなどＤＸ推進に加速がついている。

経営環境が激変する中で、後藤社長は「このままでは若者の働く場所がなくなってしまう」と危惧する。ＤＸ戦略と働き方改革の取り組みは、勤勉さといった日本のモノづくりの強みを受け継ぐという強い意志を込めている。「メードインジャパンにこだわる」（後藤社長）と、これからもモノづくりのクオリティーを追求し続ける。

▶会社概要

設立年月：1965（昭和 40）年 1 月
所 在 地：愛知県あま市木折八畝割 8
電話 /FAX：052-444-5141／052-444-1917
資 本 金：2000 万円
従業員数：109 人
事業内容：真空炉、電気炉、燃焼炉および付帯機械設備、制御装置の設計、製作、施工。金属熱処理およびＣＶＤコーティングの受託加工

URL：https://www.nakanihon-ro.co.jp

独自技術でモノづくりの高度化を後押し

株式会社不二機販

不二機販は機械商社でありながらメーカーとしての一面を持ち、技術開発から特許実施許諾までを手がける多様性を強みとする。ブラスト装置の販売で産声を上げ、表面処理技術の開発などで事業の多角化を推進。機械販売をベースに、消耗品販売といったアフターサービスや表面処理の受託加工で収益体質を強化してきた。

「ここ数年は機械の単体売りからの脱却を特に意識してきた」と宮坂四志男社長。コロナ禍の影響で2021年3月期の売上高は前期比で半減を見込むものの、黒字を確保できる見通しだ。経済・社会情勢に左右されない筋肉質な

●社是・企業理念

「産業の空洞化」を防ぐ不二機販
お客様の繁栄こそが当社の発展への繋がりとなる

代表取締役社長
宮坂　四志男 氏

経営基盤を確立しつつあり、「事業ポートフォリオは理想型に近づいている」（宮坂四志男社長）。

成長のけん引役

Ｗｏｎｄｅｒ（不思議な）、Ｐｒｏｃｅｓｓ（工程の）、Ｃｒａｆｔ（特殊技術）―。「ＷＰＣ処理」と名付けられた独自の表面改質技術が、事業成長をけん引してきた。宮坂社長は「これまで培ったノウハウのおかげで顧客のニーズに合った技術を提供できるようになり、他社との差別化につながった」と強調する。

ＷＰＣは基材に金属などの粉体を噴射圧０・２メガパスカル（メガは１００万）以上で衝突させることで、瞬間的に温度を上昇させ、表面を高硬度化する技術。処理対象物の最表面で加熱と冷却が繰り返され、表面に微細で靭性《じんせい》に富む緻密な組織を形成す

加工対象物に応じて適切な処理を施す

独自の表面処理技術「WPC処理」で成長してきた

る。金属表面を強化すると同時に表面性状を微小な凹凸へと変化させることで、耐摩擦・摩耗特性が高まる仕組み。機械部品や切削工具、金型など幅広い分野に利用されている。

足元ではWPCにチタン処理技術「PIP」を組み合わせた新技術を完成。WPC後にチタンやチタン合金の粉末を噴射して酸化チタンの被膜を形成することで、防汚、防食、抗菌作用の付加に成功した。成形温度が高い軽量化材料の採用が増えている自動車業界や、高い衛生環境が求められる食品関連業界などをターゲットに据える。同技術は20年度の名古屋市工業技術グランプリで「名古屋市工業研究所長賞」を受賞しており、高い技術力を裏付けする格好となった。

自動車業界では軽量化材料として炭素繊維強化プラスチック（CFRP）やセラミックス、ガラスを含む樹脂部品の採用が拡大している。これらの材料は成形温度が400～500℃と高くなるケースがあり、ステンレス製樹脂金型の離型性の悪さや腐食が課題となっていた。新技術を活用すれば金型への吸着や腐食を抑えられ、「軽量化ニーズの高い電動車向けにも期待は大きい」と宮坂社長は力を込める。

●受託加工で顧客を支援

WPCやPIPでは40以上の特許を保有し、製法は100通り以上存在する。このため装置を買っても「知識やノウハウがなければ最適な効果は出せない」（宮坂社長）という。そうした顧客に対応するのが受託加工事業だ。名古屋市内に2カ所の加工工場を持ち、両工場合計で40台ほどの処理装置を設置。「加工対象物や顧客が求める機能に応じて適切な処理を施せる」（同）としている。WPCをはじめとする同社の表面処理技術は、「実現不可能とされてきた機械・製品の実用化を可能にした」と宮坂社長は胸を張る。今後も技術の研さんを続け、日本のモノづくりの高度化を後押ししていく。

▶会社概要

創業年月：1977（昭和52）年4月
所 在 地：名古屋市北区丸新町471
電話/FAX：052-902-2930／052-902-2991
資 本 金：資本金：2000万円
従業員数：従業員数：25人（2020年12月現在）
事業内容：事業内容：サンドブラスト・ショットピーニング装置の販売・修理、各種研磨材の販売及び開発、WPC・PIP処理の受託加工、知的財産の実施許諾

URL：http://www.fujikihan.co.jp/

6

電機・電子・ソフトウェア

絶縁物、電子材料の加工技術で成長分野にチャレンジ

河村産業株式会社

河村産業は絶縁物、電子材料のスリット加工、プラズマ表面処理のトップメーカー。車載用、産業用モーター向けの絶縁物加工で高い評価を得ているほか、クラス１０００、同１００００のクリーンルームで加工を行う電子材料はスマートフォン、車載機器などの各種電子機器向けに供給している。高精度、高品質な加工技術を発展させ、接着剤レス積層絶縁材料「Ｎａｍｌｉ（ナムリ）」をはじめとする独自製品の開発にも意欲的だ。今後成長が見込める車載機器、半導体、電池分野で得意技術を生かそうとチャレンジを続けている。

●社是・企業理念

人と技術と幸せな未来へ。

当社は絶縁加工・微細加工・海外関連事業を主たる内容として、ハイテク（高度技術）とハイスキル（磨かれた技）により高品質、高性能、タイムリーな生産対応、コストパフォーマンスを実現します。

取締役社長

近藤　利文 氏

コア技術を独自製品の開発に展開

ロール状のシートを一定の幅で連続切断し、再びロールに巻き取るスリット加工は、50年以上に渡って蓄積したノウハウが強み。各種絶縁材料から電子材料、金属箔まで幅広く対応し、スリット幅2～2000ミリメートルが可能。ハイブリッド車（HV）・電気自動車（EV）用モーター向けの絶縁物加工を主力に、電池向けのアルミスリット加工なども行う。プラスチックフィルムなどへのロール・ツー・ロールでの熱ラミネート加工で豊富な実績を持つほか、プラズマ表面処理、スパッタ成膜の技術は「第5世代通信（5G）時代に必要とされる材料の加工で生かせる」（近藤利文社長）と期待を寄せている。

スリット加工だけでもクリーンルーム内にスリット機23台、一般環境でのスリット機10台など充実した製造設備を整えている。HV・EV用モーター向けの絶縁物加工は自動化して量産に対応。また、プラズマ処理装置など多くの製造設備を自社で設計しており、蓄積した技術を製造工程に反映している。

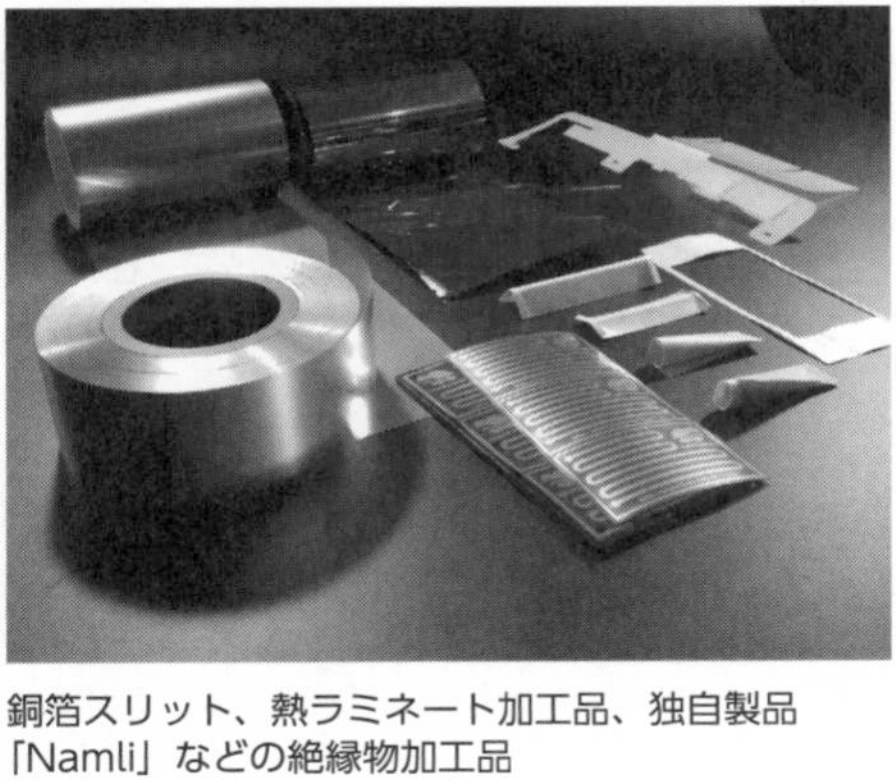

銅箔スリット、熱ラミネート加工品、独自製品「Namli」などの絶縁物加工品

スリット加工は50年以上にわたってノウハウを蓄積（銅箔スリット加工）

コア技術とするプラズマ表面処理と熱ラミネート技術の融合により完成した独自製品のＮａｍｌｉは、ＨＶ・ＥＶ用モーターや発電機の絶縁物として使われる高機能電気絶縁材料。接着剤を使わないため耐熱性、耐油性、耐加水分解性、熱伝導性に優れた特性が注目を集めている。かずさ工場（千葉県君津市）内にある研究所が中心となって独自製品の開発に取り組んでおり、粉体材料として供給している可溶性透明ポリイミド材料「ＫＰＩ－ＭＸ３００Ｆ」は成果の一つだ。

たゆみないモノづくりの改善・改革

試作から量産までの一貫対応力など技術、技能を発揮してきた同社は、モノづくり力のさらなる向上を図るため「ものづくり改革会議」を実施している。近藤社長就任以来、３年半続けてきた取り組みで「メーカーである以上、モノづくりの改革・改善を継続していくことは必須との信念で行っている」（近藤社長）と決意を込める。本社のある四日市工場（三重県四日市市）では各職場が参加して2週間に1回、約3時間の発表と質疑応答、方針決定を行っている。2年前からは上石津工場（岐阜県大垣市）でも始まった。

自動車の電動化をはじめ、デジタル変革（DX）の流れから電子機器の高機能化に伴い、材料の重要性が増している。同社も成長分野で需要を取り込もうと実績を重ねている。車載機器分野では車載用ヒーター製造のほか、燃料電池車（FCV）の製造工程で使用するフィルムのスリット加工を始めている。半導体分野では独自製品のポリイミド積層板の採用が増加。電池分野も車載向けで需要が大きく伸びると見通す。「世の中の技術、需要のトレンドを見極めながら技術の活用・開発の方向を見定めたい」（近藤社長）と次の一手を打つチャンスを狙っている。

▶会社概要

創業年月：1967（昭和42）年12月
所在地：三重県四日市市西大鐘町330
電話/FAX：059-337-1122／059-337-1125
資本金：8000万円
従業員数：268人
事業内容：絶縁材や電子材料の加工。接着剤レス積層電気絶縁材料、可溶性透明ポリイミド材料の販売

URL：http://www.kawamura-s.co.jp

素早く、そして親身な姿勢のソフトウエア開発

株式会社ＴＫアジャイル

「作業服と安全靴姿がユニホームです」と胸を張るのは、ソフトウエアの提案・開発などを手がけるＴＫアジャイルの高柳直紀社長。２０１８年4月に会社を設立したときに決めたという。同社の顧客は中小企業、特に製造業を中心としており「顧客や現場の視点に寄り添う」という思いを込めている。「俊敏な、素早い」を意味する〝アジャイル〟の通り、ＩＴに悩みのある会社があれば高柳社長自らユニホーム姿で現場へ駆けつける。

●三つの強み

●社是・企業理念

1．私たちは、軽量・シンプル・高品質なソフトウエアを、安価・迅速に開発し提供することにより、お客様の事業の反映と、地域の発展に寄与することを目標とします。
2．私たちは、持続可能な地域共生社会の実現に向け、自社の持つ IT スキルを提供します。CSR（企業の社会的責任）活動の一環として小規模企業様、高齢者福祉事業者様、障がい者福祉事業者様の IT 導入を積極的に支援します。

代表取締役社長
高柳　直紀 氏

「アジャイル」はソフトウエア開発手法の一つ。顧客との対話による意思疎通を大切とした価値観の下、2週間から3カ月程度の短い期間でシンプルで高品質なソフトウエアを開発するため、いくつものアジャイル開発手法が編み出されている。従来の手法よりもソフトウエア完成までの時間を短縮できるのが特徴だ。

同社はアジャイル開発手法を用いて、「軽量でシンプル、そして高品質なソフトウエアを安く早く提供することを目指している」（高柳直紀社長）。強みとするポイントは三つ。25年以上に渡ってソフトウエアを開発してきた高柳社長のＩＴに対する専門性、中小企業診断士や会社経営の経験に基づく経営者の視点、現場の視点を大切にする点だ。

高柳社長は１９９５年からソフトウエア開発会社で、ＦＡ（工場自動化）ソフトウエアの開発に従事。２０００年に独立し、18年間に渡り大手自動車メーカーや自動車部品メーカー、豊田市内の中小企業向けに生産や販売、在庫を管理す

同社の主力事業の一つのＩＴコンサルティング

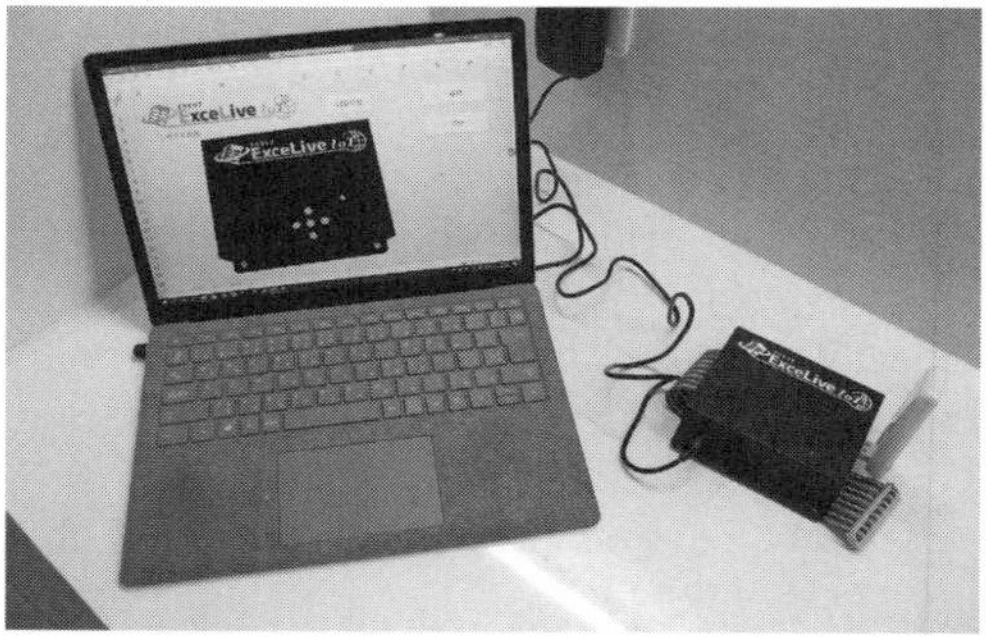

自社製品の「ExceLive(エクセリブ)IoT」

るソフトウエアなどを開発してきた。2018年には、「自らの製品を持ちたい」(髙柳社長)と同社を設立した。

これまでに豊田市内の中小製造業向けに工場のIoT(モノのインターネット)化など9件のソフトウエア開発を手がけ、4件の開発が進行中だ(20年12月時点)。今後は、主力のソフトウエアのカスタマイズや情報セキュリティーなどのITコンサルティング事業を強化する方針だ。

待ち望んでいた自社製品

18年12月、表計算ソフト「エクセル」を活用したIoTプラットフォーム「ExceLive(エクセリブ)IoT」を発売した。米マイクロソフトが販売するエクセルに追加機能を付与できるプログラム「アドイン」として同社が開発。導入すると生産ラインの稼働状況や在庫管理などを自動化できる仕組みを構築可能。

エクセリブは、センサーやスイッチなどのIoTデバイスから取得した稼働状況やタンクの残容量などをリアルタイムでエクセルに記録する仕組みだ。汎用性が高く、「製造業から福祉施設まで活用の幅は広い」（同）。生産ライン稼働状況の常時把握や設備停止時の自動お知らせを実現することで生産性向上を図れる。

豊田市と豊田商工会議所などで構成する「豊田ものづくりブランド推進協議会」が認定し、発信するブランド「豊田ものづくりブランド」にも選ばれるなどエクセリブは注目を浴びているという。高柳社長は「将来的には年間36件の販売を目指し、同社の主力製品に育てる」と目標を語る。

自社製品の提供とＩＴコンサルティングの二本柱を中心に、中小企業に寄り添い続ける同社。さらに、高柳社長は個人的な活動として中小機構や情報処理推進機構（ＩＰＡ）を通じた中小企業向けの相談活動も手がけているという。「中小企業のＩＴ化を伴走するような支援で、地域に貢献したい」（同）と夢を広げる。

▶会社概要

創業年月：2000（平成 12）年 11 月
所 在 地：愛知県豊田市前山町 3-11-1　ノルテ 801
電話 /FAX：090-8327-4745／050-3452-7778
資 本 金：800 万円
従業員数：1 名（2020 年 12 月現在）
事業内容：IoT 機器開発・製造・販売、IT コンサルティング

URL：https://www.tk-agile.co.jp

中小製造業に特化した業務用パッケージソフト開発

株式会社テクノア

テクノアはオフコン（オフィスコンピュータ）を使った受託開発をメーンに創業した。その後業務用パッケージソフト開発に軸心を移し第一号として建築石材用ＣＡＤシステムを商品化した。続いて１９９４年に発売開始した生産管理システム「ＴＥＣＨＳ（テックス）」シリーズが中小製造業に支持され看板商品として同社の事業の柱になっている。このほど同社は中小企業研究センターの「２０２０年度グッドカンパニー賞」グランプリに輝いた。中小企業の賞としては最も長い歴史があり、長年中小企業の発展に貢献してきた実績が評価された。

● 社是・企業理念

「文明と文化の懸け橋」をめざして
縁のあった企業や人々を幸せにしよう（行動理念）。

代表取締役
山﨑　耕治 氏

仕掛中の原価とらえ利益予測まで

同社は中小製造業向けのパッケージソフト開発に特化してきた。「ＴＥＣＨＳ」シリーズは、主に個別受注型製造業を想定しており部品のマスター登録がなくても運用できる。工程の進捗や原価をリアルタイムで把握することも可能だ。とくに組み立て型の装置メーカーは作業中に部品の欠品が発生すると作業が停滞する。そんな問題を解決した。さらに優れているのは仕掛中での原価をとらえ利益予測まで可能にしたこと。通常原価計算は作業終了後にデータを集計するが本製品は仕掛りの段階で把握し対策できるので、早い段階でコストダウンすることができる。すでにバージョン６・５に達し累計実績は３９００社を超える。生産管理ソフトメーカーとしては最も老舗で実績もトップクラス。山﨑耕治社長は「単に商品を販売するのではなく、中小企業の経営者と向き合いＩＴの必要性を説くのが仕事」と成功の要因を分析する。

中小製造業の製造品目や業態はまちまち。当初は事務工数

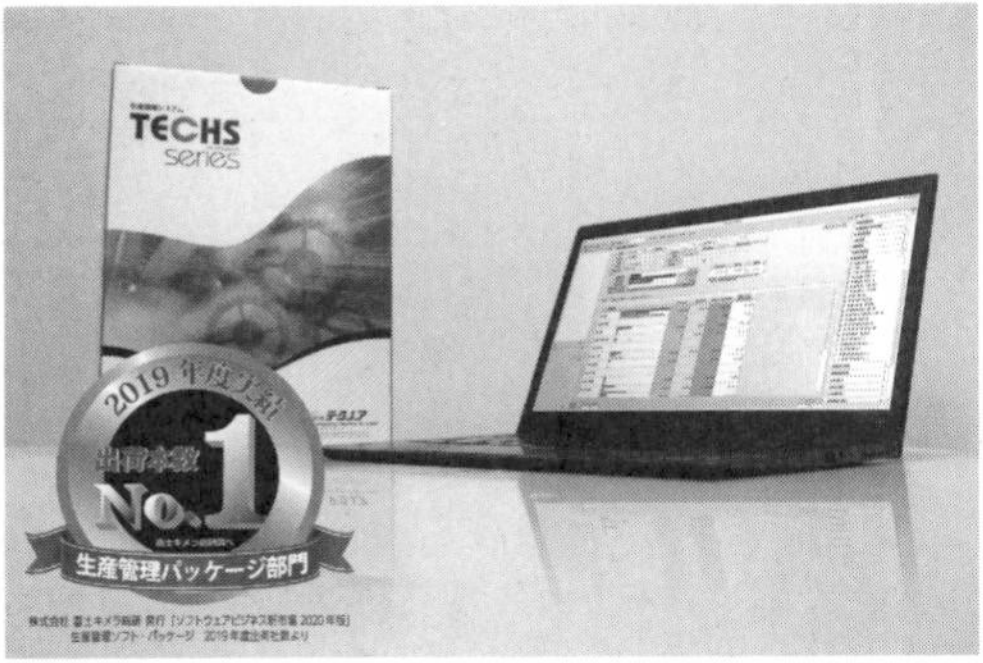

生産管理システム「テックス」は中小企業に支持される看板商品

「2020年度グッドカンパニー大賞　グランプリ」を受賞

の削減がメーンでOA化ニーズに対応したものだった。バージョンアップにつれ、ITを活用した経営改善や収支計画まで踏み込んだものになった。同社には中小企業診断士の資格を持つ社員が6人在籍している。ソフト会社としては極めて珍しい。しかも診断士を外部から招くのではなく様々な部署の社員から希望者を募り資格が取得できれば手当も支給する。「顧客はITの機能ではなく導入後の姿を求めている。それは原価低減や収益改善など経営課題の解決だ」（山﨑社長）という。診断士らによる運用コンサルティングがこのソフトの付加価値を高めている。

AIによる画像解析でIoT化に貢献

近年力を入れているのはやはりAI（人工知能）やIoT（モノのインターネット）といった分野。その一つとして、2020年3月にAIによる画像解析で生産設備などの稼働状況を監視する「AI－Eye（エーアイ）カメラ」を発売した。通常のIoTシステムは工場内などに多数のセンサーを配置する。同社のシステムは複雑な配線が不要で価格も安価とあって、中小製造業に適したシステムだ。機械の信号灯やモニター画面、作業者などを撮影。画像をパソコンに転送しAIで解析する。同様のシステムはほとんどないという。

同社の製品はすべて自社開発で導入支援からサポート、さらにはコンサルティングまですべて自前で手がける。またいわゆる下請けや派遣なども行っていない。これは創業時から一貫している。そんな社風もあって同社の女性社員比率は40%に達し、社員の離職率も低い。「ソフト会社は設備で差がつかない。違いは人材しかないので社員が生き生き働ける会社にしたい」（同）という姿勢も変わらない。2016年に就任した山﨑社長は「残念ながら急逝した創業者が大切にしたものを守り通したい」と中小製造業を後押しすることで日本のモノづくりの活性化をめざす。

▶会社概要

創業年月：1981（昭和56）年7月
所 在 地：岐阜県岐阜市本荘中ノ町8-8-1
電話/FAX：058-273-1445／058-273-9562
資 本 金：7280万円
従業員数：311人
事業内容：業務用パッケージソフトの開発・サービス、システムインテグレーション

URL：https://www.technoa.co.jp

次世代半導体の性能向上に貢献

株式会社東邦鋼機製作所

半導体製造工程で重要とされる技術の一つに、基板表面の平坦化がある。東邦鋼機製作所は新たな基板平坦化技術「CARE法」を用いて基板表面を原子レベルに仕上げる加工技術の開発に成功。従来技術に比べて、加工コストを低減し、デバイス性能を大幅に向上する技術として注目を集めている。次世代半導体材料として期待されるSiC（炭化ケイ素）、GaN（窒化ガリウム）基板のサンプル加工を通じて性能の評価、検証を進めており、これらで得た知見を基に量産加工が可能な装置開発を推進。脱炭素化の流れで需要増が見込める車載用などパワー半導体開発への

●社是・企業理念

1、たゆまぬ努力で社会に貢献する
2、世界に通用する独自技術を開発する
3、ニッチ分野においてオンリーワン企業となる

代表取締役社長
鈴木　辰俊 氏

貢献を果たしている。

産学連携を密に、新技術開発で成果

創業時から機械、航空宇宙関連の大物精密部品加工を得意としてきた同社が半導体関連分野に乗り出したのは1989年。機械加工の受注量が減少傾向にあり「独自技術を持たないと生き残れない」（鈴木辰俊社長）と事業環境の変化に対応する中で、半導体基板を磨くCMP（化学的機械研磨）パッドの加工から始まった。産学連携を通じた技術開発が特徴で「大学との緊密な連携により新技術開発ができた」（同）と振り返る。

CARE法は大阪大学から技術移転を受け、事業化に取り組んできた半導体基板の平坦化加工技術。表層のダメージ（潜傷）が全く発生せず原子レベルの表面が得られ、リーク電流を抑えるなど材料

半導体関連事業にも培ってきた大物精密加工技術を生かす

名古屋大学に1号機を納入した
基板平坦化加工装置「CARE-TEC」

の結晶本来の性能を引き出せるとあって、ＳｉＣ、ＧａＮなどの次世代半導体製造工程への採用が期待できる。ＧａＮは紫外線発光ダイオード（ＬＥＤ）で採用が先行しており、将来的に車載用パワー半導体へと用途拡大が見込まれている。

ＣＡＲＥ法の最大の特徴は加工液に純水を使用することで、従来の砥粒や強い化学薬品を使用する研磨法に比べると、広範な材料に適用が可能で、環境に優しい。コア技術とする小振幅加工方式により高品質化、コスト低減にもつながる。ＣＡＲＥ法を取り入れた加工装置「ＣＡＲＥ－ＴＥＣ」は1号機が名古屋大学に納入されており、研究開発に活用されている。知財戦略にも注力しており、日本10件、米国4件の基本特許が登録済みである。

自社一貫体制で事業領域拡大に弾み

現在の技術テーマは量産加工を実現するため、時間あたりの加工量を増やして生産性を高めること。現状の加工量は1時間あたり数ナノメートルであるが、目標として同100ナノメートルを目指して開発中である。性能面ではデバイス評価の段階に入っており、半導体としての機能を検証している。「良好なデバイス評価が広まれば普及に弾みがつく」(鈴木社長)と自信を見せる。

CARE法を確立し、半導体関連事業は加工装置の用途開発が視野に入っている。製造ラインに組み込んでの活用が想定され、コスト対応など実用化ノウハウも必要とあって「装置メーカーと連携を図っていきたい」(同)とエンドユーザーとの開発体制を強化していく考えだ。

半導体関連事業を担ってきたグループ会社の東邦エンジニアリング(三重県四日市市)との統合により、強固な事業体制を構築。CARE-TECには大型部品も使われており、長年培ってきた大物精密加工の装置、技術を生かせる。加工技術の開発から装置製造までを行う自社一貫体制を整え、事業領域を広げている。

▶会社概要

創業年月:1957(昭和32)年7月
所在地:三重県四日市市黄金町38
電話/FAX:0593-65-4381/0593-65-4383
資本金:5000万円
従業員数:13人
事業内容:大型機械加工、半導体基板・CMPパッド加工及び関連装置製造

URL:http://tohokoki.jp/

機械やシステムを作るから〝創る〟へ

日晃オートメ株式会社

世の中の「困った」を解決できる〝戦うエンジニア集団〟を標榜する日晃オートメ。2020年6月に設立50周年を迎えた。モノづくりの現場で活躍している自動制御装置や数値制御（NC）装置、産業機械、ロボット、コンピューター化された生産管理など幅広い分野において、ハードウェアとソフトウェアの両面からサポートする。「持てる技術のすべてをつぎ込んで、ワンストップで顧客に対し真摯に対応できることが強み」（沖原由洋社長）と考えている。少子高齢化や労働力不足が懸念される将来において活躍の場は大いに広がる。

●社是・企業理念

【経営理念】

「自動化を通じ社員の幸せと社会に貢献する」

【経営指針】

「時代に即応する」

「変化に対応する」

「3つ以上の『泉』があること」

代表取締役社長

沖原　由洋 氏

電気とメカ、セットで提案

もともと同社は電気（制御）事業で創業した。顧客のさまざまなニーズに対応する過程で、電気系だけでなく機械系やシステムの設計・製作、ロボットのシステムインテグレーター（ＳＩ）と事業の幅が拡大してきた。高度な製品製作は「自動化設備」「シーケンス制御」「コンピューター制御」という3本柱により成り立つ。固有技術として、自動制御化部門ではオムロンや三菱電機、キーエンスなどのシーケンス制御機器を組み込み、ＮＣ制御が必要な設備にもファナックや三菱電機製のＮＣ装置を組み込んで自動化設備を構築できる。

デンソーやファナック、三菱電機、ユニバーサルロボットなど各社のロボット製品を用いた自動化装置の実績も多い。ＩｏＴ（モノのインターネット）が叫ばれる中、稼働情報などモノづくりの見える化に関するシステム構成や提案にも相談が増えてきた。「電気系と機械系をセットで発

多様性を備えた自動化装置のニーズにこたえる

若手技術者によるディスカッション

注してトータルで対応できる数少ない総合ＦＡメーカー」（沖原社長）と自信を持つ。

自動化のニーズに真摯に対応

社員の平均年齢は約36歳と若い。技量や技能の多様化を求めており、自分が就きたい業種とは異なる分野にも柔軟に挑戦させる。営業担当者が技術的な情報を持っていれば、顧客に対して無駄なくスピード感をもって提案ができるようになる。「基本的に社内のメンバーでやりきるという考え。全員が技術者であり、だれもが案件に参画し、成果を上げる機会を得られる」（同）会社を目指している。

リーダーが若い世代になりつつある。彼らとしっかり話し合いができる環境も整える。沖原社長は、いつでも相談でき、積み上げた経験を共有し、スキルを高め合うことを心がける。「日々進む自動化関連の要素技術のブラッシュアップを行い、そのアイテムの知見習得や実践導入の活用評価、技術者の継続採用と育成」（同）にさらに力を入れる。

全国規模のＦＡロボットＳＩｅｒ協会や中部地域ロボットＳＩｅｒ連携会の会員企業として横のつながりを大切にし、情報を共有しつつ業界動向や情報を各サービスにフィードバックする。特に15年からの政府の「ロボット革命」普及拡大が、これまでの同社の取り組みとベクトルが一致している。

今後は身の回りのすべてが便利で、より自動化が進み、人が働く環境や機械、ロボットが担う役割分担がさらに高まる。人手による作業の代替として汎用性、多様性を備えた自動化装置の要望も非常に多く、世の中への貢献をめざす。「自動化のニーズとともに、少子高齢化や労働力不足に応える体制づくりが必要になる」（同）と今後の展開を見据える。

▶会社概要

創業年月：1970（昭和 45）年 6 月
所 在 地：岐阜県各務原市上戸町 7-1-22
電話 /FAX：058-383-3737／058-371-0591
資 本 金：2400 万円
従業員数：75 人
事業内容：産業機械、電気制御システムの設計・製作、コンピューターによる管理システム設計・製作など

URL：http://www.nikko-fa.co.jp

半導体製造を支えるトランスメーカー

布目電機株式会社

布目電機は1973年創業。名古屋市中川区の一町工場として始まった。当時は高度経済成長真っただ中。団体旅行需要が爆発し、それを支える観光バス需要の波に乗り、下請けとして直流を交流に変換する巻線の仕事を始めた。その後、下請けで培った技術を基にメーカーへ転向。現在の主力、トランスの生産に乗り出した。当時、中小メーカーが競って参入していたトランス生産。しかし同社は後発組ということもあり、市場は老舗企業が押さえていた。他社との差別化を図るため、同社は他社にない独自の戦略を打ち出した。

● 社是・企業理念

「電気を安全に扱うための技術を共創します」

私たちは、元気に働けることに感謝し、失敗を恐れず、チャレンジし、安心と信頼を備えた製品を共創し、社会に貢献します。

代表取締役社長
正田　壽男 氏

UL・EN規格を取得

転機は94年。「少しでも付加価値の高い製品を売りたい」（正田壽男社長）との思いから、欧州安全規格のEN規格の認証を取得した。98年には米国安全規格のUL規格を取得。当時は規格準拠でも取引できた時代。そのため「規格をわざわざ取得し、生産する動きは他にはなかった」（同）という。安全性への追求。これが大当たりだった。今では半導体メーカーやそれらを商品に組み込むエンドユーザーの力が強くなるとともに、半導体装置メーカーからも「安全性の確証が得られないと購入されなくなっていった」（同）。

顧客に選ばれる商品をどう生み続けていくか。同社は、製品性能の試験データを自社で計測できる設備を整えている。規格保持にも毎年費用を計上する。それでも細かな規格を維持、新たな規格取得へ挑むのは「布目電機にしかできない仕事を獲得するため」（同）だ。

ＵＬ規格の中でもノイズ減衰トランスやロシア向けＥＡＣ認証など、競合他社が保持しない細かな規格も取得。そのため顧客の要望に最大限応え

国内外の安全規格の認証を取得している主力製品のトランス

電源ユニットを主に生産する愛西工場

ることができるのが強みだ。

同社が生産するのはトランスだけではない。「顧客から選ばれる存在になるため」（正田社長）、トランスにブレーカや保護機器を組み合わせた「トランスユニット」の生産も担う。主力工場は佐織工場（愛知県愛西市）。85年に建てた。３度に渡る増築を繰り返したが、半導体需要増とともに手狭になっていた。

半導体需要増から新工場稼働

そこで約15億円を投資した愛西工場（愛知県愛西市）を建設。２０２１年４月に稼働を控える。敷地面積約４４００平方メートル、４階建てで、延べ床面積約５４００平方メートル。売り上げの約４割を占める電源ユニットを主に生産する新たな拠点だ。

半導体需要拡大を見越した新工場建設。第5世代通信（５Ｇ）やＩｏＴ（モノのインターネット）など、爆発する半導体需要に対応した。この動きが評価され、20年12月には愛西工場稼働に先駆け、主要顧客の東京エレクトロンからエクセレントパートナーとして表彰を受けた。

また同社は、他社と協力してものづくり・技術開発をする「共創プロジェクト」も進める。技術力の向上と、新しい風を社内に取り込むことが目的だ。

社内においても各部署の「共創」を合言葉に、さまざまなプロジェクトが走る。参加する社員は、所属する部署から離れて仕事をすることもある。正田社長の「何について評価されているか明確にする必要がある」との思いから、表彰制度を刷新。従来は永年勤続表彰だけだったが、社内で活躍する人全てを対象とした。

これらの活動や事業の成長による地域への波及効果が評価され、20年には経済産業省から「地域未来牽引企業」の認定を受けた。地元経済の成長を担う中心的な企業としても期待が高まっている。

▶会社概要

創業年月：1973（昭和48）年10月
所在地：名古屋市中川区大当郎2の1107
電話/FAX：052-301-6851／052-301-6655
資本金：6000万円
従業員数：300人（2021年1月現在）
事業内容：トランス、電源ユニット開発・生産

URL：http://www.nunome.co.jp/

7 樹脂加工

熱硬化性樹脂の可能性を追求する専門メーカー

株式会社サーモセッタ

サーモセッタは熱硬化性樹脂製品の専門メーカー。自動車部品メーカーで樹脂研究に携わっていた遠山正春社長が1980年に創業した。素材開発から試作、量産まで手がける。国内とタイに工場を構え、グループ全体では熱硬化性樹脂専用の射出成形機を60台、プレス機を10台備える。

専業では群を抜く生産体制を誇るトータルプランナー。主力の自動車部品製造ではエンジンやモーター関連部品などを供給する。一般的な樹脂に比べ、摺動性や強度を大幅に高めた自社開発成形素材「サーモライト」の用途拡大にも力を入れている。

●社是・企業理念

【社是】

人間として生まれ、縁のあった者同士が共同体となった以上、常に開拓者精神を持って会社の利益を追求し、全社員の家族一人ひとりに至るまで物質的、精神的幸福をうけ、尚かつ社会にとって必要不可欠な会社を建設しなければならない。

【経営理念】

良品の生産を通じて、信用、人材、技術、資本、優秀なる客先の蓄積。

代表取締役社長
遠山　正春 氏

独自で素材開発、部品用途を拡大

熱硬化性樹脂は3次元構造を形成するため、加熱しても溶融しない耐熱性に優れた材料だが、成形時の硬化反応ガスが熱可塑性に比べ多く発生し、成形に技術を要する。加工難度の高い素材であるが、同社は専業として成形技術を蓄積し、そのノウハウを盛りこんだ独自仕様設備を使いこなすことで用途にあった製品を供給できる。

また代表的な熱硬化性樹脂であるフェノール樹脂は衝撃に弱く、割れやすい。そこで素材を熟知する同社が取り組んだのが、弱点を克服する新素材の開発だ。「サーモライト」は日本工業大学との研究成果をもとに約10年の歳月をかけて2003年に商品化した。

フェノール樹脂にアラミド繊維やフッ素などを組み合わせた成形素材で250メガパスカルの曲げ強度を誇る。220℃までの熱に耐え、高温のオイル環境下で使える。重さは鉄の6分の1と軽い。

サーモライトは歯車をはじめとする機械部品に適している。ナイロン歯車を、この素材に置き換えると設備保全費

サーモライトで製作した歯車

熱硬化性樹脂成形品

低減も図れる。割れにくい特徴を生かして自動車のエンジン関連部品などの衝撃吸収部品の割れ防止対策で採用が広がっている。

テフロンを加えるなどし、組成を変えた高摺動仕様のサーモライトは、動摩擦係数が0・07以下。一般的な摺動性ナイロンと比べて約18倍の耐久性で、無潤滑運転も可能だ。最近は潤滑油を嫌うクリーンルーム環境下で生産される半導体や電子機器関連、食品製造装置などの部品用途でも注目されている。

顧客と一体となったモノづくりが信頼の証

供給対応力も同社の強みだ。モノづくりのサプライチェーン（供給網）のグローバル化に対応すべく、02年にタイに進出した。

タイを東南アジアだけでなく、北米や欧州などにも輸出する拠点に位置付けており、国内と同様の設備を入れ、現地の技術者育成にも力を入れてきた。現在、タイ工場は60人規模まで拡大し、技術的にも日本と遜色ないレベルに高まっている。

そして今後は秘密保持契約による個別開発にも力を入れていく。自社で曲げや引っ張り強度を測定する万能試験機などを保有しており、顧客の求める性能を最大限に引き出すカスタマイズを行う。条件をクリアした試作品は実際に顧客で試験してもらい、ヒアリングを重ねて素材・製品を作りこむ。こうした顧客と一体となった同社のモノづくりに信頼を寄せる企業は多く、現在、複数案件が進行中だ。

遠山社長は市場拡大が予見される次世代自動車分野にも熱い視線を送る。電気自動車（ＥＶ）などは各ユニットで多種多様の電装品を扱うため、絶縁物である樹脂部品の需要拡大に期待する。今後は金属部品からの置き換えを狙い、より強度を高めた素材の開発も狙う。

当面は曲げ強度１０００メガパスカル程度の成形素材の開発がテーマ。厚みのある部品など、技術的に難しい分野へも挑戦する。遠山社長は「開発技術力を高めて5年先、10年先の需要拡大につなげたい」と意気込む。

▶会社概要

創業年月：1980（昭和 55）年 4 月
所 在 地：愛知県一宮市三ツ井 4-6-28
電話 /FAX：0586-77-4903／0586-76-6202
資 本 金：1000 万円
従業員数：100 人
事業内容：熱硬化性樹脂製品

URL：http://www. thermoseter.co.jp

樹脂の射出成形でオンリーワンに

玉野化成株式会社

玉野化成は精密樹脂成形部品の専門メーカー。自動車部品から医療部品に至るまで幅広く手がける。主力の自動車用ウォッシャーノズルは、2019年度に計約3500万台を出荷した。自社の調査で世界シェアが約2割、国内シェアは約7割を占める。1964年3月の創業以来、企業理念の行動指針にある「目標に向かって協力し、最後までやり遂げる」を信念に活動し、〝オンリーワン〟の存在感を見せる。

強みは高度な成形技術と組付加工による一貫生産ができるモノづくり力。ウォッシャーノズルは1日に約13万台出

●社是・企業理念

従業員の幸せと豊かな生活を追求し、ものづくりを通じてお客様と社会の発展に貢献します。

代表取締役社長
玉野　直樹 氏

荷するほど多くの量を生産し、品種も車種や取り付け位置などで約200種類と多岐にわたる。自動車メーカーのニーズに対して臨機応変に、手作業やロボットの組み合わせでバランスを取るなど柔軟な生産対応ができる体制を整えている。

IoTやペーパーレスで効率化

特に力を入れているのが、生産現場でのIoT（モノのインターネット）などを活用したデジタル化だ。専任のシステムエンジニアを3人置き、IoTを活用したスマート工場化やペーパーレス化を進めている。例えば、生産現場では専用のタブレット端末を導入し、生産実績の記録や作業指示の確認などが手軽にできるようにしている。不具合に対する素早い対応が可能となるなど、玉野直樹社長は「品質の確保と情報伝達の迅速化を図る」と力を込める。ペーパーレス化で

自動車用ウォッシャーノズルで国内シェア7割を占める(本社)

高度な樹脂成形技術とロボットを活用した組み付け加工による成形品

は20年9月に勤怠管理の申請を紙から指紋認証のシステムに変えた。生産管理でも必要最低限に紙の使用量を抑えていく考えだ。

自動車業界は１００年に1度の変革期と言われる。玉野社長はウォッシャーノズルの需要について「電動化が進んでも車両の窓をきれいにするということは変わらないだろう」と予測する。ただ、引き続き樹脂の射出成形を中核技術とし、ウォッシャーノズルの品質やコストの競争力をさらに磨くことが重要だと捉える。近年、力を入れているのが熱を加えると固まる樹脂である熱硬化性樹脂の成形だ。すでに耐熱性のあるモーター向け部品に採用されているほか、新たに21年1月から大容量のヒューズ向けケースとして量産を始めた。

実務以外で特技を発掘、本業生かす

モノづくり力の強みを伸ばすには、従業員のモチベーションを高める取り組みも欠かせない。玉野化成では、長年課題となっていた事例などを解決した改善活動を対象に「やればできた大賞」という改善提案制度を設けている。また最近ではホームページの更新に当たり、従業員でチームを作って若者らに見てもらいやすいように採用に関して会社や先輩社員などを紹介する動画を制作。玉野社長は「(本業の)実務以外にも役割を与えて活躍してもらう。そこで思いもよらぬ特技を見つけることができ、才能の発掘にもつながった」と振り返る。こうした取り組みによって玉野社長は「本業の活性化にもつながる」と意義を感じている。

玉野化成は新たな受注に対して生産設備を増強している。今後、顧客の設計開発支援としてより上流の開発段階から提案できる体制を目指す。生産技術の開発も積極的に取り組む。さらに自動化の推進に向けて導入した協働ロボットを活用する考え。どの生産ラインに使えるかを検討するなど、21年春にも本格的な運用を目指す。

▶会社概要

創業年月：1964（昭和39）年3月
所 在 地：名古屋市南区元塩町4-6
電話/FAX：052-619-0080／052-619-0087
資 本 金：8000万円
従業員数：236人
事業内容：射出成形金型の設計・製作
樹脂製品の射出成形および組み立て

URL：https://tamano-kk.com/

樹脂加工技術であっと驚くモノを成形

名古屋樹脂工業株式会社

名古屋樹脂工業はプラスチック板の熱成形（真空成形・圧空成形・熱プレス成形）、ＦＲＰ（繊維強化プラスチック）成形を得意とする。店舗のブランドサインやキャラクターオブジェを製作する「ブランディング事業」と、ＦＡ機器・輸送機・医療機器部品を製造する「フォーミング事業」の二つの事業を展開しており、愛知県小牧市に生産拠点を構えている。２００７年に2代目トップに就任した伊藤誠一社長は専門サイトの開設など新しいアイデアを打ち出し、旗振り役を務める。「樹脂加工技術であっと驚くモノを成形」と枠にとらわれない発想でチャンスをうかがっ

●社是・企業理念

「日に新た
今日の『われ』は昨日の『われ』にあらず。
明日の『われ』は今日の『われ』にとどまるべからず」

代表取締役社長
伊藤　誠一 氏

ている。

厚物樹脂加工で透明ピアノも

得意とするのは板厚1ミリから30ミリメートルの厚物プラスチック加工。これらを熱成形やFRP成形などといった成形手法で加工する。加工可能な樹脂は、アクリル・ABS、塩化ビニール、ポリプロピレン、ポリカーボネイト、ポリエステル、カーボン繊維などさまざまだ。

99%がOEM（相手先ブランド生産）であるものの、「技」はある。そこから透明ピアノやウィズコロナで活躍する「飛沫《ひまつ》感染防止スクリーン」も生まれた。

また各事業では今、新しい売り方に着手している。14年に公開した専門技術サイトを軸に添えた販売手法だ。

現在同社が展開するホームページは「真空成形・圧空成形ドットコム」や「熱曲げ加工・熱プレス成形ドットコム」、そして「ブランディング・サインドットコム」だ。

日本一のプラスチック板成形加工メーカーを目指す

自社ブランド「ＮＪスタイル」を立ち上げた

「ホームページから毎日問い合わせがある」というほど好調で、新規顧客が年間20社、約５０００万円程度の売り上げに貢献しているという。今の課題は新規顧客のリピート。繰り返し利用してもらえるような仕掛けを日々思考する。

技術を自社ブランドで表現

２０１８年、自社ブランドを立ち上げた。材料にはアクリル樹脂を活用し、長年培った樹脂成形技術を掛け合わせて生まれた「ＮＪスタイル」だ。

ＮＪスタイルの立ち上げには、コボデザイン（名古屋市昭和区）の代表、山村真一氏の力を借りた。山村氏は三菱自動車のチーフデザイナーとして「ギャランＦＴＯ」や「ランサー」などの車種のデザインを手がけた実力のあるデザイナー。山村氏を顧問として新たに招き入れ、伊藤社長直轄で企画からデザイン、ブランド作りや販路開拓まで自ら行う。

「中小企業は自社ブランドを持ちたいと心の中で思っている」。伊藤社長はこう強調する。「(自社ブランドは)面倒で、なかなかうまくいかない」(同)ものの、28年をめどに全社売上高の1割を目指す。

今、同社を取り巻く環境は複雑だ。フォーミング事業が担う半導体関連部品の加工は好調。半導体を取り巻く環境に押し上げられる格好となった。一方、ブランディング事業が担う企業の店舗サインは低迷。新店舗出店が新型コロナウイルス感染症の影響で低調だったことが影響した。

中期事業計画の経営方針で掲げる「日本一のプラスチック板成形加工メーカーを目指す」ため、プラスチック板の熱成形加工を通じ、新分野と既存分野の双方に軸足を置きつつ新商品・新技術開発に注力する。そのためにも、事業を裏で支えるＩＴへの投資や事業環境への素早い対応でビジネスチャンスをつかみ取る。

▶会社概要

創業年月：1958（昭和33）年12月
所 在 地：名古屋市西区上堀越町1の50
電話/FAX：052-522-1121／052-522-6346
資 本 金：7200万円
従業員数：90人
事業内容：プラスチック・樹脂加工

URL：http://www.nagoyajushi.co.jp/

精密樹脂成形品の設計開発から金型製作、量産まで一貫生産体制

日進工業株式会社

日進工業は精密樹脂成形を手がける。型締め力30～３００トンの小物部品を扱い、主力のドアロックやインサイドハンドルの他、エンジンバルブなど内外装から駆動部品まで広くカバー。売上高の９割以上が自動車関連だ。本社工場（愛知県碧南市）に１１５台、武豊工場（同武豊町）に55台の成形機を抱え、中国の3工場も含めると、その数は計２８０台。同規模の企業と比べても圧倒的だ。

２０１９年には子会社のニッシン精機を吸収合併し、設計開発から金型製作、量産までの一貫体制を整えた。社名には「日進月歩」の思いを込めている。

●社是・企業理念

【経営理念】

品質とコストで顧客の信頼を得る。

【社是】

顧客からの信頼、そして社会から信頼される企業へ。前向きなチャレンジを続けていきます。

代表取締役

長田　和徳 氏

技術力で軽量化ニーズとらえる

メインで扱う素材はポリアミド（ＰＡ）、ポリアセタール（ＰＯＭ）などのエンジニアリングプラスチックで、エンプラの中でも高性能なポリフェニレンスルファイド（ＰＰＳ）といった、耐熱性や強度などを高めたスーパーエンプラを得意とする。また、より高い性能を持つポリエーテルエーテルケトン（ＰＥＥＫ）では、材料メーカーで国内8社しかない優先モルダーの内の1社だ。長田晃徳取締役は「他社が扱えない難しい素材でも複雑形状を成形できる技術力が強みだ」と胸を張る。

試作段階から顧客に入り込み、コンピューター利用解析（ＣＡＥ）による流動解析や3Ｄプリンターの導入など、金型設計から成形条件まで対応する提案力を強化している。車の電動化に伴い、軽量化ニーズはますます高まる見通し。長田取締役は「一体成形による部品点数の削減も可能。加速が見込まれる鉄から樹脂への素材の置き換えを進めたい」と力を込める。

材料がPPSの基幹部品

IoTを活用した武豊工場

IoTを先駆け生産効率化

生産面ではIoT（モノのインターネット）という言葉が広まる前の2004年頃から、ITを活用した業務の効率化を始めた。当時、成形工程では1人の技能員が10台以上の成形機を担当しており、異常発生時に技能員が設備停止に直ぐに気付かず、生産効率が悪化していた。これをきっかけに、成形機内の金型の開閉データから正常、異常を検知する設備監視システムを自社開発。異常を検知すると工場内のモニターに表示され、技能員を呼び出す。設備にはビーコンがついており、技能員が所持するスマートフォンをかざすと設備の状態や履歴などが見られる。異常時は処置の内容を入力すれば、設備情報の更新が可能だ。

計画数を生産すると、生産履歴や次工程の指示などの情報が入ったQRコード付きレシートを発行。

これを元に在庫を管理し、先入れ先出しを行う。最も取り組みが進んでいる武豊工場は自動倉庫を備え、全ての生産・部品データと在庫状況が連動して顧客の注文データから自動で出庫する。IoTにより、05年から17年の12年間で設備数はほぼ横ばいながら、売り上げは35億円から83億円と2倍以上に伸ばせた。

技術力は同社の強みだが、「いくら腕がいい人がいても、継承しなければ維持できない」（長田取締役）。技術書を共有し知見を蓄積するほか、生産技術部門は年に1度、新技術への挑戦を経営陣に披露する技術発表会を実施。経営陣からは顧客ニーズをくんだ新技術をリクエストし次の開発に生かすなど、人材育成にも注力する。

自動車に加え宇宙開発やドローンといった新領域の開拓も進める方針。新型コロナウイルス禍は厳しい経営環境をもたらしたが「普段できない改革ができた」（同）。骨太の体質を作り上げ、さらなる発展につなげる。

▶会社概要

設立年月：1965年（昭和40）9月
所在地：愛知県碧南市港本町4の39
電話/FAX：0566-42-1111／0566-42-1117
資本金：9900万円
従業員数：311人（2020年12月時点）
事業内容：精密樹脂成形加工・組付、溶着、金型設計製作など

URL：http://www.enissin.com/

図面のいらない樹脂特注加工の専門会社

名西株式会社

日本国内でプラスチックが本格的に工業化されて間もなくのころに開業し、今年で55年を迎える。主に自動車関連向けに樹脂の企画から製作、加工や異素材製品、金属とのアッセンブリーまで手掛ける。特に樹脂の切削加工など1品モノの特注品が得意だ。

積極的な設備投資と「熟練の技」の融合により、〝図面がない状態〟からでも顧客ニーズに対応した製品づくりで競争力を培ってきた。父でもある創業者の石川圧彦氏の意志を受け継いだ朝比美和子社長。女性経営者として、女性ならではの「感性」や「特性」を最大限に生かし、確かな

●社是・企業理念

「品格ある行動で　上質な人生を送りましょう」

【経営方針】

「礼儀礼節とおもてなしの心を　一品一品に添えて」

代表取締役社長

朝比　美和子 氏

技術とそれを支える細やかなサービスで同社の「心」を届ける。

顧客が想像する以上の製品を具現化

製品化にあたっては常に顧客の思いをより理解し、くみ取り、最高の品質とアイデアを持って応対している。２０１９年12月、本社工場にブラザー工業製の複合旋盤とミツトヨ製の投影測定器を導入した。これまで外注していた複雑形状の部品を内製化し、検査工程を効率化することで工場全体の生産性を高めることができた。導入した複合旋盤は旋削加工とマシニング加工を１台に工程集約できる。シャフトなどの精密な丸物加工は精密な複合加工が必要なため、従来は外注していた。新規の設備導入により「加工精度も高まり、納期短縮にもつながるようになった」（朝比社長）と自信を持つ。

女性の感性を生かす

活躍するベトナム人女性

同時に導入した測定器は従来、人手で測定していた複雑な形状のワーク（加工対象物）を連続測定できる。「職人の技術や勘に頼らずワーク現物を測定し、実測値から同じ製品を作ることもできる」（朝比社長）ようになり仕事の幅も広がった。

明るい雰囲気と細やかなサービス

朝比社長は「多くのお客様に支えていただき、生かさせていただいている幸せに日々感謝し、『私らしく』親しみを持って接していただける経営者でありたい」と語る。会社の発展は、人間としての高い品格、それを支えるのは「礼儀礼節」と「おもてなしの心」であると考え、社員全員が一心に自らを高める努力とともに、その思いを一品一品の製品に込めているという。

「生かされていることへの感謝を切に感じている。いつか返しきれないほどいただいたご恩を次世代に恩送りする責任を痛感するようになった」（同）と人材育成にも力を入れる。その一つとしてベトナムの優秀な若者を受け入れ、母国の発展に寄与する

〝人財創り〟に取り組む。

現在は、10人のベトナム人女性が働く。2020年には、その中の一人を同社初の外国人管理職（課長級）に登用した。人材不足を補い、高付加価値な一品モノを得意とする同社のモノづくりを支える。「日本人が忘れかけている謙虚さや純粋さなど、逆に教えられることも多い。これからも名西に来たいと思ってもらえるような会社にしたい」（同）と決意も新たにする。

20年には初の自社ブランド「ミワコジャパン」を立ち上げた。第1弾として女性を対象とした飛沫防止用アクリルプレート「ビューティアクリリックマスク」を発売した。形状に曲線を取り入れたほか、台座や柄もアクリル製とし透明感を強調した。プレートが緩やかにカーブしているため横方向への飛沫や光の反射を低減する。女性らしさを際立させるためにワンポイントの装飾を施した。今後は、自社ブランド開発にも力を入れていく。

▶会社概要

創業年月：1966（昭和41）年8月
所在地：愛知県あま市甚目寺桑丸53の1
電話/FAX：052-442-7117／052-442-0006
資本金：1000万円
従業員数：19人
事業内容：プラスチック製品の企画提案、製作・加工及びゴム・金属・異素材製品とのアッセンブリー

URL：http://www.meisei-kk.com

8

金型・治具製作

日本と東南アジアのグローバル展開でさらなる飛躍

株式会社伊藤製作所

伊藤製作所は、順送り金型の設計・製作と自動車の電装部品やハーネス関連部品、シート関連部品などのプレス加工を手がける。独自の省人化、省力化で業績を伸ばし続け、2020年12月には創業75周年を迎えた。ハイブリッド車（HV）や電気自動車（EV）など自動車部品の受注を堅調に取り込み、伊藤澄夫社長は「21年3月期は予想を上回る業績となる見込み」と胸を張る。また、1996年に初めて海外進出を果たしたフィリピン事業所（ラグナ州）も好業績で推移している。また、17年に輸出用金型工場を完成させ生産能力を高めた。海外に拠点をもつ日系自

●社是・企業理念

社員と地域を大切にする経営。

代表取締役社長
伊藤　澄夫 氏

動車部品メーカーなどからの金型現地調達の要請に応えていく方針だ。

短納期、品質安定、コスト低減に対応する独自の生産システム

本社の周辺には五カ所にプレス工場があり、自動プレス機を100台余り備える。このうち65台は月間受注量の多い部品用に、金型の取り替えはしない独自の手法を取り入れた。金型を交換せずに、注文がきたらプレス機を起動させるだけで生産を始められ、少人数での生産システムを成し遂げた。以前は難易度の高い金型の段取り替えをすることで微妙に寸法の変化が出ていたが、付けっ放しのため、前回と全く同じ品質が維持でき、金型の調整時間が激減。高度の品質要求のある部品の安定生産で、年間の不良率が大きく下がり、顧客から品質面で高い評価を得るようになった。

金型の段取り替えをしない生産システムは、伊藤社長のア

自動車関連のプレス加工を手がける

フィリピン事業所では好業績で推移

イデア。「メーカーからの短納期、品質安定、コストダウン要請にも、対応できるよう考え続けた結果、出たアイデアだ」（伊藤社長）という。金型技術も怠らない。過去50年間で製造した順送り金型は約９０００型。金型の技術開発のための投資も積極的に行っている。その結果、プレス加工で厚さ6ミリメートルの鉄製材料に直径１・２ミリメートルの細い穴を開けられる金型の製造技術など幅広い技術の蓄積をしてきた。

モノづくりのDNA、海外でも浸透

１９８０年代後半、円高や顧客の海外進出などにより倒産する金型メーカーが続出した。国内での先行きを案じ、同社は95年に海外進出を目指すことにした。最初は自動車関連企業が多いタイを検討した。しかし、既に多くの日系企業が進出しており、優秀な人材が確保できないなどの理由から断念。そこで日系の金属プレス加工メーカーや金型メーカーが少なく、親日国であるフィリピンに着目した。

多くの苦労もあったが、現地で丹念に技術者指導を行った結果、海外での事業を軌道に乗せることができた。現在、フィリピン事業所は現地社員が130人。主にカーオーディオや安全ベルトなどのプレス部品や順送り金型の製造を手がける。

2011年には、インドネシアの財閥アルマダ・グループから合弁会社設立の申し出を受けた。同国の自動車部品メーカーのメカル・アルマダ・ジャヤ（ブカシ県）との合弁で、伊藤社長は日本から技術者を送り込むのではなく、フィリピン事業所から技術者を送る策をとった。理由は、フィリピン事業所に日本流の金型技術を会得した社員が30人ほどいたことと、インドネシア人とフィリピン人は英語力があるという点。同社のモノづくりのDNAはインドネシアにも浸透しつつあり、日本と東南アジアのグローバル展開でさらなる飛躍を目指す。

▶会社概要

創業年月：1945（昭和 20）年 12 月
所 在 地：三重県四日市市広永町 101
電話 /FAX：059-364-7111／059-364-6410
資 本 金：5000 万円
従業員数：130 人（2021 年 1 月現在）
事業内容：順送り金型設計・製作、プレス部品加工

URL：https://www.itoseisakusho.co.jp/

生産性と環境配慮を両立する〝夢の金型〟を作る

三恵金型工業株式会社

1回のショットで4種類のプラスチック部品を成形する。しかも、部品以外の余分なプラスチックゴミは出ない。このような生産効率に優れ、環境負荷が低い樹脂成形用金型を作れるのが三恵金型工業。この半世紀の歴史で作った金型は約1万型に及ぶ。得意とする「入れ子割り」によって、無数の凹みがある部品を成形できる金型づくりは、日本でも数社しかできないといわれる。それで培った技術とノウハウが、生産性の高さと環境への優しさを両立した夢の金型を実現した。

●社是・企業理念

一型入魂

金型は製作者の心を現す鏡です。良い物を作ろうと思えば手間は掛かりますがお客様は喜んでくれます。面倒で手を抜けばバリが出たり、かじったり、グイチが出たりでお客様は腹を立てます。当社の金型はお客様に喜んでいただけるよう一型、一型、職人が思いを込めて製作しています。

代表取締役社長
山田　俊影 氏

国内有数の「入れ子割り」の技術で複雑形状の部品を作る

1966年11月の創業当初は主に電機業界向けの金型を作っていたが、91年頃から自動車の電装品関連の需要を開拓。以降、日本の電機業界の衰退に連れ、自動車業界に売り先を移行していった。

こうした中で培った得意の技術が「入れ子割り」。金型内に設置する多数の入れ子を割って成形性を高める。その設計は「立体のジグソーパズルみたい」(山田俊影社長)という難解さ。国内でも数社しか作れないこの金型は、自動車用リレーブロックのような無数の凹みがある複雑形状の部品を成形できる。

それを可能にするのが精密加工の技術だ。時に1000個もの入れ子を剣山のように金型内に並べるのにミクロン単位の精度が必要。入れ子を精密に加工し、金型に合わせるのに「職人技がいる」と山田社長は胸を張る。

この技術もあって同社は自動車で一定の受注量を確保する。一方、〝自動車一辺倒〟に対する危機感から、顧客層の裾野を

成形研削盤で精密加工する現場

ランナーレスの４段多段式射出成形金型

広げたいとの思いも募っていた。

そこで開発に取り組んだのが多段式射出成形の金型だ。ショットを高速化し生産数の多量化を図るハイサイクル成形に対し、金型を多段化して1ショットの生産数を増やすのが多段式射出成形。生産時の振動が大きく成形機に負担がかかるハイサイクルより、それらが抑えられる多段化が有望になると読んだ。

蓄積したノウハウでランナーレスの多段式金型を開発

そして、これまで培った精密加工のノウハウを生かし、2014年に薄肉のプラスチック製品について4段の多段式射出成形の開発に成功。さらに、17年にはこれをもとに、プラスチック製のカーファスナーの成形において1層当たり20個取りの金型を4段並べて1ショットで80個取りできる金型を開発した。

この技術は同じ部品を4段に重ねた金型で一度に多数の成

形をできるだけでなく、1段ごとに形が違う部品を作れる。

例えば、車用のゴム製フロアマットのように、座席ごとに異なる形状の成形品に対し、それぞれの型を製作し、1ショットでまとめて成形するといった効率的な生産が実現する。

20年12月にさらにこの技術を発展させ、ランナー（樹脂を金型内に送る流路で成形される部分）が無い部品が作れるランナーレスの4段多段式射出成形の金型の開発にも成功した。

通常は成形後に部品からランナーを切り離す工程が必要だが、この金型では、それが省け、ランナーの廃棄も不要になる。これにより製品コストは30％減、生産効率は4倍になると見込んでいる。

この金型は自動車以外にも電機、日用品、食品、衣料など幅広い分野での利用が想定される。同社はこの技術を武器に新たな市場を開拓していく考えだ。

▶会社概要

創業年月：1966（昭和41）年11月
所 在 地：富山県南砺市松木38の2
電話/FAX：0763-52-1157／0763-52-0726
資 本 金：1250万円
従業員数：約50人
事業内容：プラスチック金型の設計製作、成形品製造販売

URL：https://s-yamada98.wixsite.com/sankeikanagata/home

職人技と自動化の追求で受注と信頼を獲得

三晶技研株式会社

「金型の設計から、プラスチックの成形、組み立て、組み立てをする自動機の製造、プレス加工まで全てをしている。自前だけで一気通貫で作れる」—。三晶技研の強みを法嶋正夫社長はこう語る。グループ会社も含めた設計から組み立てまでの一貫体制のもと自動車や家電品などに組み込むコネクタ、電装品、機構部品に至るまでさまざまな部品の製造を手がける。職人技と自動化の追求、各工程での徹底的な作り込みによって、高品質ながらコストを抑えた大量生産を可能にし、顧客からの受注と信頼を得ている。

●社是・企業理念

「生産性が良い設備・品質の安定した製品を提供」…金型や設備はメンテナンスがしやすく、長寿命で生産効率の高いものを提供する。製品は安定した品質の顧客が求める納期で確実に届けることを心がけている。

代表取締役社長
法嶋　正夫 氏

グループで一貫生産体制を確立。設計から組み立て、自動機製造まで

三晶技研は１９６９年に成形技術者７人が共同で設立。法嶋社長も当時からのメンバーだ。プラスチックやプレスの金型製造から事業を始め、72年にダイカスト鋳造に進出した。76年にはプラスチック成形部門を独立させて「富山パーツ」（現三晶ＭＥＣ）を設立。以来、三晶技研本体が金型を設計、製造し、三晶ＭＥＣで成形、組み立て、自動機の製造を担い、グループ全体で一貫生産できる体制を整えている。金型だけの生産や自動機だけの販売といった取り引きにも応じ、幅広い顧客層を獲得している。

多段階の生産工程を抱えるが、作業者の業務は特定の工程に従事する分業制を敷く。ひとつの仕事を特化する方が技能が向上するとの考えからだ。「研磨の工程であれば、研磨だけを極めた研磨のマイスターがいる。それで各工程の技術レベルを上げている」と法嶋社長は胸を張る。

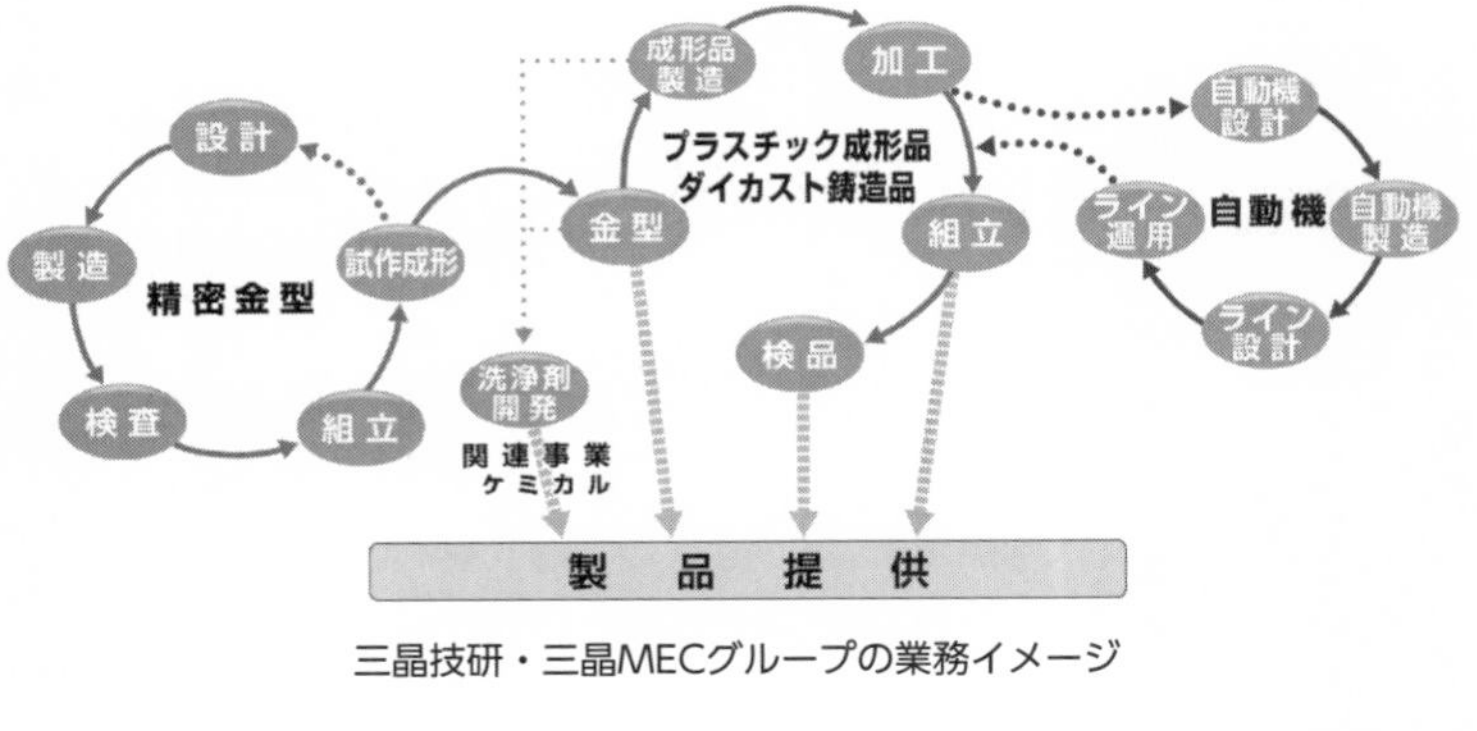

三晶技研・三晶MECグループの業務イメージ

自動車業界で鍛えた技術力で、医薬品分野などの新市場に挑戦

各工程での作り込みを徹底するのも特徴だ。後工程での調整を不要にし、生産効率の向上につながっている。例えば、起点となる金型製造。約50人の設計者がモールドフローなどの流動解析をもとに3次元で金型を設計。成形が困難な形状や厳しすぎる寸法公差を事前に洗い出し、顧客に形状変更の提案も積極的にする。試作用の射出成形機は9機種を揃え、主要顧客と同じ機種で試作することで、客先での不良発生の抑制を図っている。

コネクタやプラスチック部品などさまざまな製品を製造

金型部品の製造工程だと、3次元データを工作機械に入力し、加工や精度出しの方法を事前に検討し納期の短縮につなげている。工作機械は高い精度を出せる機種を用い、部品をミクロン単位で高精度に仕上げる。それを分業制で優れた調整技能を身につけた技術者が組み立てて、壊れにくく使い勝手の良い金型を作る。

また、合理化の一環として自動化設備の製作も自ら

手がける。自社開発した超小型成形機を組み立て設備の中に組み込み、成形までも組み立て工程の一部にすることも可能にしている。設備の製作を請け負うこともあり、メーカーの側面も持っている。

このような体制のもと、「設立から50年以上、一度もリストラをしていない。人を大切にしている」(法嶋社長)というほどの安定した経営を続けてきた。ただ、取引先が自動車業界に偏っているのが課題だ。現在、グループ売上高の約8割を自動車向けが占める。かつては家電向けとで半々だったが、国内家電の衰退で自動車向けの比率が上がった。

今は売上高の3分の1を自動車以外にする目標を掲げ、新規顧客の開拓に力を入れている。特に狙いを定めるのが着実な成長が見込める医薬品業界。品質にもコストにも厳しい自動車業界で得た技術力と信頼を武器に、新市場に挑んでいる。

▶会社概要

設立年月：1969(昭和44)年6月
所 在 地：富山県滑川市上小泉1586
電話/FAX：076-475-4107／076-475-8259
資 本 金：1億円
従業員数：約1000人(グループ全体)
事業内容：プラスチック、プレス、ダイカストなどの金型製造、ダイカスト製品の製造、自動機の設計製作、プラスチック製品の製造・コネクタなどの組み立て

URL：https://www.sanshogiken.co.jp/

特殊鋼商社と金型メーカーの2つの顔を持つ、課題解決企業

名古屋特殊鋼株式会社

名古屋特殊鋼は特殊鋼商社と金型メーカーの2つの顔を持つ。特殊鋼販売で培った素材を見極める知見と金型メーカーとしての技術力を組み合わせた総合力で、目指すのは「課題解決企業」。適材提案から金型設計、加工まで自社で一貫して手がける。金型事業進出は1980年代と後発ながら研究開発用5軸プレスや超高速マシニングセンター(MC)などを業界で先駆けて導入し、提案力を磨いてきた。今では±1マイクロメートルの精度が求められる自動車部品用から2メートル超の大型部品用の金型まで手がける。

●社是・企業理念

お客様第一主義を掲げ、お客様の満足がなければ、我々の満足はないと考える。そのため、特殊鋼商社＆金型メーカーとして、高次元でお客様に貢献することを基本精神とする。

代表取締役社長
鷲野　敦司 氏

研究開発スペースを新設

65年創業の特殊鋼材商社として顧客の課題解決につながる素材に関する知識を持つのが強み。一方で金型事業は後発のため当時社長だった鷲野光司会長の号令の下、早くからCAE解析に基づいた金型設計を取り入れ、加工・組み付け・仕上げ・トライまでの一貫ラインを構築した。

現在は高速MCやプロファイル研削盤、ワイヤ放電加工機などをそろえ、数百種の型を同時進行で生産できる。また設備面だけでなく「更新時にあえて違う機種を入れ、技術者の能力開発につなげる」（鷲野敦司社長）など、人材育成にも余念がない。

現在はその高い技術力が評価され、金型事業は品質水準の高い自動車部品用を主力とする。ギアやクランクシャフトなどの駆動関連や足回り関連部品用金型で多くの実績がある。近年はマイクロメートルレベルの精度が求められる、ハイブリッド車（HV）向けモーターコア用や燃料電池車（FCV）用などの電動車部品向け金型の受注を強

金型の寿命や金属材料の組織分析を行う研究開発スペース

2019年に稼働した新工場

化。このため2019年に新工場を稼働し、大型精密部品加工に向く安田工業製ジグボーラーを導入した。
さらに「エビデンスを示すことで金型材料の見直しや母材の改良提案につなげたい」(同)と、20年7月には金型の寿命や金属材料の組織分析を行う研究開発スペースを新設した。金属組織を観察する顕微鏡や強度試験機などを導入。5軸プレス機でのトライを組み合わせ、金型と、その後のプレス部品の耐久性や不具合などを解明できる体制とした。

環境課題に対応する加工技術で課題解決

「脱炭素社会」や国連の持続可能な開発目標(ＳＤＧｓ)など、環境対応を重視する機運も高まっており、世の中が大きく変わり始めた。「環境視点で新規金型が減るなら補修に力を入れる」と鷲野社長は次を見据える。

同社はドイツの溶接棒メーカー、キャピラと国内総販売代理店契約を結んでおり、数年かけて金型の強度を落とさず溶接補修するノウハウを蓄積してきた。「予熱と後熱を行うことで鋼内部まで溶接が浸透する」（同）。既存金型の長寿命化技術として受注も伸びており国内のほか東南アジアなど、金型メーカーの集積度が低い地域での提案営業を強化する。

非接触型の３次元測定機でスキャンし、図面などを作製するリバースエンジニアリングも需要を見込む。「プレス金型は手作業で最終仕上げする例もあり、図面に反映されていない数値がある。鍛造金型では摩耗部分を把握し、問題解析に生かす」（同）。壊れた金型や図面化しにくい形状の金型を複製でき、海外の複数工場で同時に生産を立ち上げることも可能となる。19年の台風で顧客の金型が浸水被災した際も、この技術が早期復旧に役立っており、事業継続計画（ＢＣＰ）観点でも重要視していく考えだ。

取引先の自動車業界は「１００年に一度」と言われる大変革期にある。鷲野社長は「環境課題に対応できる加工技術を身につけ、顧客や社会の課題解決につなげたい」と前を向く。

▶会社概要

創業年月：1965（昭和 40）年 4 月
所 在 地：愛知県犬山市鶴池 78-1
電話 /FAX：0568-67-6701（代）／0568-67-6708
資 本 金：9520 万円
従業員数：約 200 人
事業内容：金型、特殊鋼販売

URL：http://www.meitoku.co.jp

9

機械要素

連携が武器の金属複合加工業

イハラ鋼業株式会社

バネ製造にプレス、切削、溶接、レーザーといった各種加工、そして組み付け。これら広範な金属加工を、すべて愛知県蟹江町にある工場一カ所で手がけるのが「金属複合加工業」を掲げるイハラ鋼業だ。顧客の業界も電力、工作機械、自動車、水道・ガスなど幅広く、多品種小ロットの「他社がやりたがらない難しい仕事」(庵原英樹社長)にこだわる。2021年2月には新工場棟2棟を稼働し、生産効率や作業環境の大幅改善を図った。

見える化で連携強める

●社是・企業理念

安全作業で良い物を、安く、早く、正確に作ります。

代表取締役社長

庵原　英樹 氏

「練りに練ったレイアウト」。庵原社長は、こう胸を張る。それは機械加工の「第４工場」仕上げや出荷作業の「第５工場」という新棟のことだけではない。新棟建設に併せ、既存棟を含めた蟹江工場全体の設備配置も見直した。キーワードは「見える化」だ。第４工場には既存棟に分散していた旋盤やマシニングセンター（ＭＣ）を集約した。その際、設備を据える最適な位置や向きを考え抜いた。作業者が自分以外の作業者の動きや設備の稼働状況を、よく見えるようにするためだ。これにより作業者が複数台の設備を効率的に受け持てるようになるほか、作業者間の相互応援もしやすくなる。同じ思想で既存棟のレイアウトも見直し、全体の生産効率を高めた。同社はもともと「従業員には１人２職種以上こなせるようチャレンジしてもらっている」（同）と、作業者の多能工化、万能工化を推進している。数値制御（ＮＣ）マシンだけでなく

レイアウトを練りに練ったという「第４工場」

2021年２月に稼働した新工場棟

汎用機も多用する同社。教育にあたっては「原理・原則が抜け落ちないように」（庵原社長）と、外部の熟練技能者を招いて行う座学も重視している。そうして育った作業者が互いに連携することで、多品種小ロットの難しい注文に柔軟に対応する。今回のレイアウト変更は、同社が大事にする「チームワークのとれたモノづくり」（同）を、最大限引き出す仕組みづくりというわけだ。

新棟建設を機に改善したことが、もう一つある。作業環境だ。新棟にはエアコンを完備したほか、切り粉など粉塵対策としてミストコレクターやダクト式集塵機も導入した。建物自体も窓を多く設け「明るく開放的な空間を意識した」（同）。集塵機は既存棟にも新たに設置した。今後、女性の現場作業者も採用を増やす考えで「長く健康に勤めてもらいたい」（同）と働きやすい環境を整える。

真の強みは迅速さと提案力

同社の強みは単に加工領域が広いというだけではない。蟹江工場という同じ敷地内にまとまっていることが、実は強力な武器となっている。例えば高級オフィスチェアの金属部品の受注を獲得した際、プレス、溶接、組み付けといった複合加工を要する製品で、同社は引き合い段階から、すぐに横串を通したプロジェクトチームをつくり、何度も試作に対応した。それも、ただつくるだけではない。「ここをこうすればもっと強度が出ますよ」といった提案もした。オフィスチェアというフィーリングが重視される製品だけに、とりわけ、そうした迅速さや提案力が魅力となった。さらに、すべて内製でこなすことによって納期や品質も担保できる。「『困った時には、イハラ』と言われたい」と庵原社長。目指すのは規模の追求ではなく頼られる存在だ。持ち前のチームワークで、これからも他社が嫌がる仕事に挑み続ける。

▶会社概要

創業年月：1951（昭和26）年8月
所在地：名古屋市瑞穂区内浜町22-26（蟹江工場：愛知県海部郡蟹江町蟹江新田道西22）
電話/FAX：0567-95-2884／0567-95-8265
資本金：2400万円
従業員数：74人
事業内容：バネ設計・製造、プレス加工、機械加工、溶接、組み付け、薄板レーザー切断

URL：http://www.ihara-bane.co.jp/

特殊な歯車を短納期、高品質で提供

株式会社加藤ギヤー製作所

動力伝達に欠かせない歯車は高度な微細、精密加工技術が要求されることから、モノづくりの象徴といわれる重要な機械要素部品。加藤ギヤー製作所は70年以上に渡って培った歯切りおよび歯研削加工の技術を駆使し、短納期、高品質な歯車づくりを実践している。一品一様の特殊形状な歯車の加工依頼が多く寄せられることからも、同社の技術力に対する信頼の高さがうかがえる。充実した加工設備は自慢の一つで、国内でも導入例が少ない高機能機を使いこなす。蓄積した加工技術と充実した設備力の融合で、歯車加工の高度化を追求している。

●社是・企業理念

「等身大の我であれ」がモットー。「何事にも必要以上に背伸びせず、謙遜卑下せず、自分の器に合わせてやろう」。

代表取締役社長
加藤　幹治 氏

技術が光る「一品モノ」対応

歯車は機械要素部品として長い歴史を持つが、ユーザー業界からの加工精度に対する要求は高まる一方だ。電動化が進む自動車向けでは特に顕著で、歯車の精度がモーターの駆動・制御にも影響するとあって、従来以上の品質レベルを求められることが多い。同社が得意とするウォームギヤー、ラック・アンド・ピニオンなどのステアリング機構に欠かせない歯車も同様で、目標とする精度に達するまで粘り強く試作を繰り返し、作り込んでいる。

また、工作機械の基幹部品のボールネジでは特注対応の「一品モノ」が少なくない。受注数が少なく、高精度加工が必要とされる同業大手が敬遠しがちな案件こそ、特殊形状品を得意とする同社の持ち味が存分に発揮される。「大手が参入できないニッチな分野で技術力を生かすことで活路を拓く」(加藤幹治社長)と狙いを語る。

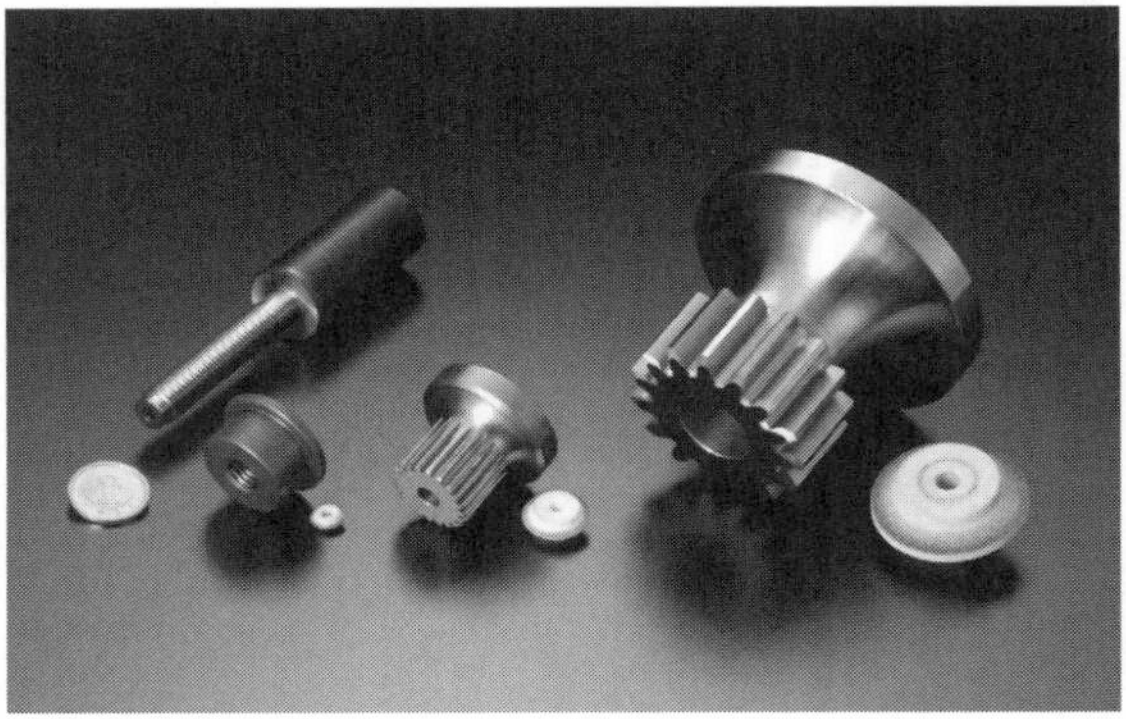

小径砥石を駆使し小物の内径ネジなどにも対応

超短納期を実現し「ネジ研削加工のコンビニ」を目指す

コンピューター数値制御（CNC）ウォームネジ研削盤、ウォームネジ歯切り盤、内径ネジ研削盤、各種試験機など保有する加工設備は顧客のニーズを具現化するため、独自の視点で導入。中でも、D社製のCNCウォームネジ複合研削盤は、最小砥石径8ミリメートルという従来難題とされていた小径砥石を使った歯車研削加工が可能で、小物の内径ネジなども加工できる。小物部品が増えていることから大手の自動車、機械関連メーカーから試作部品の製作で引き合いが増えている。

受注から出荷までスピード対応を実践

ウォーム軸の歯研削修正追加工を通じてウォームホイールを製作し、工期を大幅に短縮できる舞ツール歯切り加工などの加工実績を聞きつけ、ホームページを通じた問い合わせも多く、受注につながっている。

こうした顧客から評価が高いことの一つに、受注から出荷までのスピード対応がある。「ネジ研削加工のコンビニを目指す」（加藤社長）というニッチ分野の市場を狙った戦略の一環で、早い場合で受注から加工、出荷までわずか1日と超短納期を実現している。製造現場では加工の知識、ノウハウが共有されており、従業員一人一人がさまざまな加工に対応できる技術力に加えて、自家製工具の製作など独自の工夫で納期短縮に取り組んでいる。

1998年に加藤社長が就任以来、同社はウォーム、ネジ研削加工に特化し、現在は自動車、機械、航空機、物流機器などに幅広く顧客を持つ。同業者に広いネットワークを持つ加藤社長は、日本のモノづくり伝承のために各社が得意な技術を生かし、仕事の融通を通じて学び合うことも必要と考えている。歯車研削技術の可能性を探るべく技術の研鑽を重ねている。

▶会社概要

創業年月：1948（昭和 23）年 11 月
所 在 地：名古屋市西区平中町 152
電話 /FAX：052-501-7530／052-501-8856
資 本 金：2800 万円
従業員数：5 人
事業内容：各種歯車製作、歯車研削加工、ウォーム研削加工、内・外径ネジ研削加工、ラック研削加工、ウォームホイール舞ツール歯切り加工など

URL：https://katogear.com

機械、技術力、検査体制を併せ持つ歯車専門メーカー

岐阜ギヤー工業株式会社

岐阜市の中心部からほど近い住宅地の一角に立地する岐阜ギヤー工業は、一見何の変哲もない「町工場」。しかし工場内に入るとスイス・ライスハウアー社の歯車研削盤など、超高精度の歯車加工用設備が所せましと並ぶ日本有数の歯車メーカーだ。同社は歯形誤差が1マイメークロトルのドイツ工業規格（ＤＩＮ）０級をクリアできる数少ない事業所でもある。自動車メーカーの品質基準になる「マスターギヤー」の合格ラインはＤＩＮ３級から４級（歯形誤差２・９ミリ〜４・１ミリメートル）なので、それ以上高精度の歯車製作が可能だ。

●社是・企業理念

「社会に感謝、技術で奉仕」

心・技・体それぞれが融合してこそ、生まれた製品がお客様を満足させ、さらなる期待やニーズを掘り起こし、企業として成長できると考えています。私たちのものづくりの原点はここにあるのです。

代表取締役社長
松波　崇宣 氏

常に最新鋭の設備を導入

同社のルーツは三菱レイヨン（現三菱ケミカル）六条工場の歯車部門。同工場の閉鎖に伴い、創業者が機械設備を買い取り立ち上げた。当初は紡績機械の歯車が中心だった。本格的に歯車加工を始めてから工作機械向けが徐々に拡大し、今では売り上げの約50％が工作機械向け。

転機の一つは１９７０年代後半。スイス・マーグの歯車研削盤の導入。松波俊宣会長は「商社の人からは『馬子にも衣装』と冷やかされた」と笑うが、高価な装置だけに社運をかけた投資だった。しかしこれにより、さらに高精度の歯車加工が可能になった。この装置は引退したが替わって歯車研削盤の主力になったのはライスハウアーの装置。

２００２年に導入した「ＲＺ４００」は、国内の第１号機。直ちに受注にはならなかったが「当社が購入したことをライスハウアーが宣伝してくれ、うちに入ると良い機械だという評判が確立した」（松波会長）。これに続いて連続

国内第1号機となったライスハウアーの歯車研削盤

超高精度の歯車加工設備が所狭しと並ぶ工場

的にライスハウアー社の設備を導入し、今では4台が稼働している。国内メーカーの装置も稼働しているが「ライスハウアーはやはり1ランク上」（同）という。DIN0級の歯車を試験するにはそれ以上に高精度の試験機が必要になる。そのため歯車検査の標準機であるドイツ・クリンゲルンベルグ社の試験機2台が活躍している。

規模拡大よりも独自性を発揮

人材育成・教育にはことのほか力を入れている。歯車の生産は旋盤加工、歯切り加工、マシニング加工、スプライン加工、内面などの研削、ワイヤーカット、仕上げの歯車研削など工程が長い。そこで多能工ではなく完全分業体制をとっている。教育システムはまず全部門の現場を経験させ理解を深めた上で、本配属に関連する各職場で3カ月ほどの仮配属後、本配属となる。職場にもよるが、新入社員が一通りの仕事をできるまでは2～3年かかる場合もある。技能士の職種「ホブ盤作業」の有資格者18人のほか、「現代の名工」や高度熟練技能者、機械検査、各種技能士など関連する資格を持つ社員は多い。

また2020年9月には本社工場近くに第二工場を完成・稼働させた。旋盤加工の専門工場で、本社からNC旋盤を移設したほか、新たに小型・高精度のマシニングセンター（MC）を導入した。同機は恒温室内に設置しており、高付加価値化を図る。新工場建設の狙いは、上工程である旋盤加工が停滞すると製品の納期に影響を与えることへの対応だ。

同社には図面のない古い機械の歯車の修理や急な納品依頼、機械設計の際の最適なギヤー配置など難易度の高い相談事が頻繁に持ち込まれる。それでも松波崇宣社長は「どんな依頼も断らない」と胸を張る。将来は「あくまで歯車を基本にし規模拡大よりもより独自性を明確にしたい」（松波社長）と方向性は明確だ。

▶会社概要

創業年月：1957（昭和 32）年 4 月
所 在 地：岐阜県岐阜市宇佐南 2-2-2
電話 /FAX：058-274-5381／058-274-3191
資 本 金：6000 万円
従業員数：48 人
事業内容：工作機械用、増減速機用、自動車機器用など各種精密歯車

URL：http://www.gifu-gear.co.jp

専業の技術力で作り込むフレキシブルチューブ

中日技研工業株式会社

しなやかさとともに耐熱性、耐食性を兼ね備えたステンレス製フレキシブルチューブは、ガスや水、油、薬品など流体の移送に欠かせない配管部品。製鉄ラインや化学プラントといった大型設備から各種機械装置まで、さまざまな設備の配管に使用されている。

中日技研工業はステンレス製フレキシブルチューブの東海地方唯一の専業メーカーで、受注生産を得意としている。顧客の仕様、用途に基づき1本から製作する丁寧な製品づくりを持ち味としながら、短納期にも対応。製造業の幅広い分野に製品を供給してきた経験から得た知見を基

●社是・企業理念

世の中の役に立ちたい人間集団を創る。

代表取締役
上岡　睦 氏

に、技術力に磨きをかけている。

高品質を支えるTIG溶接技術

ステンレス製フレキシブルチューブは、ステンレス鋼の薄肉電縫管に連続したヒダをつけ、外側にステンレス鋼線（ブレード）を編み込んだ上、両端に管継ぎ手を取り付けた製品。屈曲性や柔軟性に加え、微振動を吸収する役割も有する。

同社は東海・北陸地方を中心に製鉄、化学、食品、薬品など幅広い分野の各種設備向けにステンレス製フレキシブルチューブを供給。長寿命で、配管工数が少ないといった製品の特徴が注目され、近年は半導体関連分野での採用が増えている。上岡睦社長は「特定の分野に偏らず、幅広い業種のニーズに対応できるのが当社の強み。現場に近い立ち位置で、顧客とのコミュニケーションを通じた製品づくりに努めている」と会社の姿勢を示す。

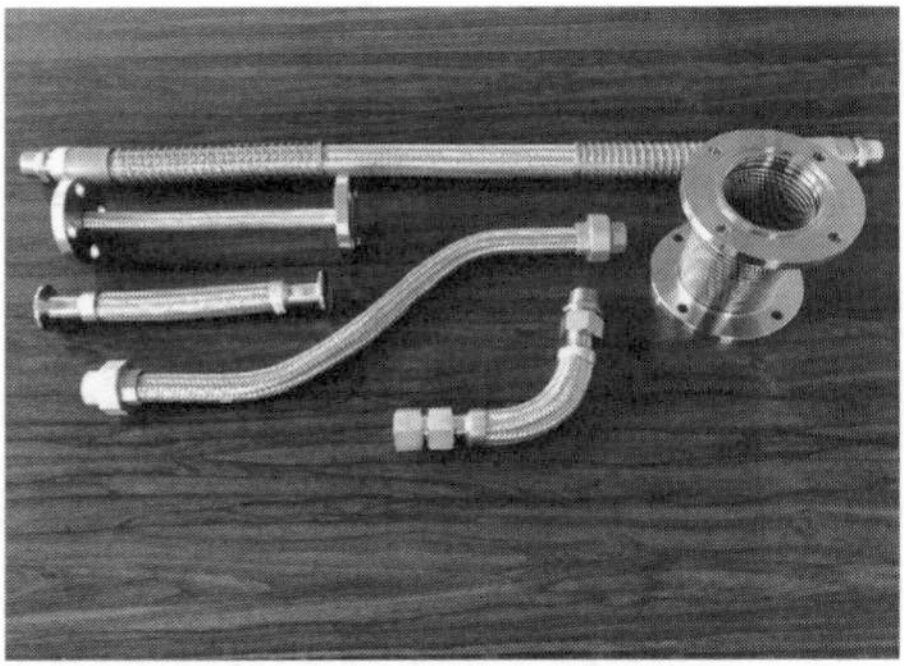

受注生産を得意とするステンレス製フレキシブルチューブ

技術の要としているTIG溶接

フレキシブルチューブは板厚0・2〜0・6ミリメートルと非常に薄い構造。大半が受注生産のため、製品づくりでは要所で熟練工の高度な技術を取り入れている。要となるのが独自のTIG溶接技術だ。高品質で、きれいな仕上がりが得られるTIG溶接の特徴に加えて、独自のノウハウを取り入れ、高品質・高性能な製品の作り込みを実現。本社と工場が隣接しているメリットを生かし、特殊仕様にも迅速に対応している。

「会社は皆で作り上げる」チームワークを生かす

用途の広がりに合わせて多種多様なフレキシブルチューブを製作してきたにもかかわらず、短納期など迅速対応を可能にしているのが独自の生産管理システムだ。在庫管理、作業進捗管理、納期管理を見える化しており、営業担当者と製造現場がシームレスに連携し、顧客の要望にタイムリーに応えている。充実した履歴管理を基に、顧客からの注文に対して納入実績を即座に確認し、受発注双方の「探す時間」を短縮、生産性向上につなげている。

新商材の発掘や情報収集にも意欲的だ。「フレキシブルチューブに関する付帯製品の取り扱いを増やし、ワンストップで解決できる存在になるのが理想」（上岡社長）と方針を示す。今後の展開に備え、製品づくりでは製造現場スタッフの多能工化を促進。高品質な製品の安定供給体制を一層強固にする考えだ。

上岡社長は就任の際、社内に「会社は皆で作り上げる」と宣言した。その一環で、導入にあたり陣頭指揮をとった生産管理システムは、主目的とする生産性向上の効果に止まらず、残業時間削減という働き方改革にもつながった。「もともと社員がさまざまな意見を言える風土がある。誰もが働きがいのある職場づくりを目指したい」（同）と職場環境の改善の歩みも続けている。

▶会社概要

創業年月：1980（昭和 55）年 4 月
所 在 地：名古屋市北区大我麻町 226
電話 /FAX：052-902-0505／052-902-0546
資 本 金：1000 万円
従業員数：20 人
事業内容：ステンレス製フレキシブルチューブ、ステンレス製伸縮管継手、フッ素樹脂（PTFE）ホース、ラバージョイント、溶接加工品の製造販売

URL：https://www.cgk-flex.co.jp

多品種少量のニーズに応えるセラミック製造技術

東新セラテック株式会社

東新セラテックはアルミナ、ジルコニアなどセラミック製のヤーンガイド（糸道）、各種機械部品の製造を得意とする。セラミック材料の精製、機械加工、焼成、研磨のほか、樹脂部品の成形、組み立ても自社で行い、仕様に合わせて試作品の製作から多品種少量、量産まで柔軟に対応している。また、コスト削減を目的に取り組んだ金型の内製化は製品情報の機密保持にもなり、顧客からの信頼獲得につながっている。豊富なセラミック関連技術、ノウハウを生かし、近年は電子部品、医療機器、通信機器などの先端分野に向けた提案を強化している。

●社是・企業理念

ベンチャー精神を大切に、提案型、開発型企業として、他社のやらないことをする。

代表取締役社長
緒方　陽一 氏

金型内製化で獲得した「信用」という財産

同社が行う各種ファインセラミック部品加工のルーツともいえる技術が、ヤーンガイドを中心とする繊維機械部品の製作だ。繊維機械の高速化・自動化に伴って耐摩耗性、耐熱性に優れたセラミック材料が多用されるようになり、繊維機械部品に求められる複雑形状はもちろんのこと、滑らかな仕上がりなど高品質な加工技術を蓄えていった。

国内繊維産業が衰退局面に入ってからは、こうした加工技術を生かして、軸受ローラーなどの機械部品の受注を増やしてきた。「機械部品の受注のうち、特注品が3割を占める」（緒方陽一社長）というように、試作用や小型・高精度など加工難易度の高いファインセラミック部品は同社が本領発揮とするところ。特注品受注は少量にならざるを得ないことが多いが、多種多様な繊維機械部品の加工で培った小

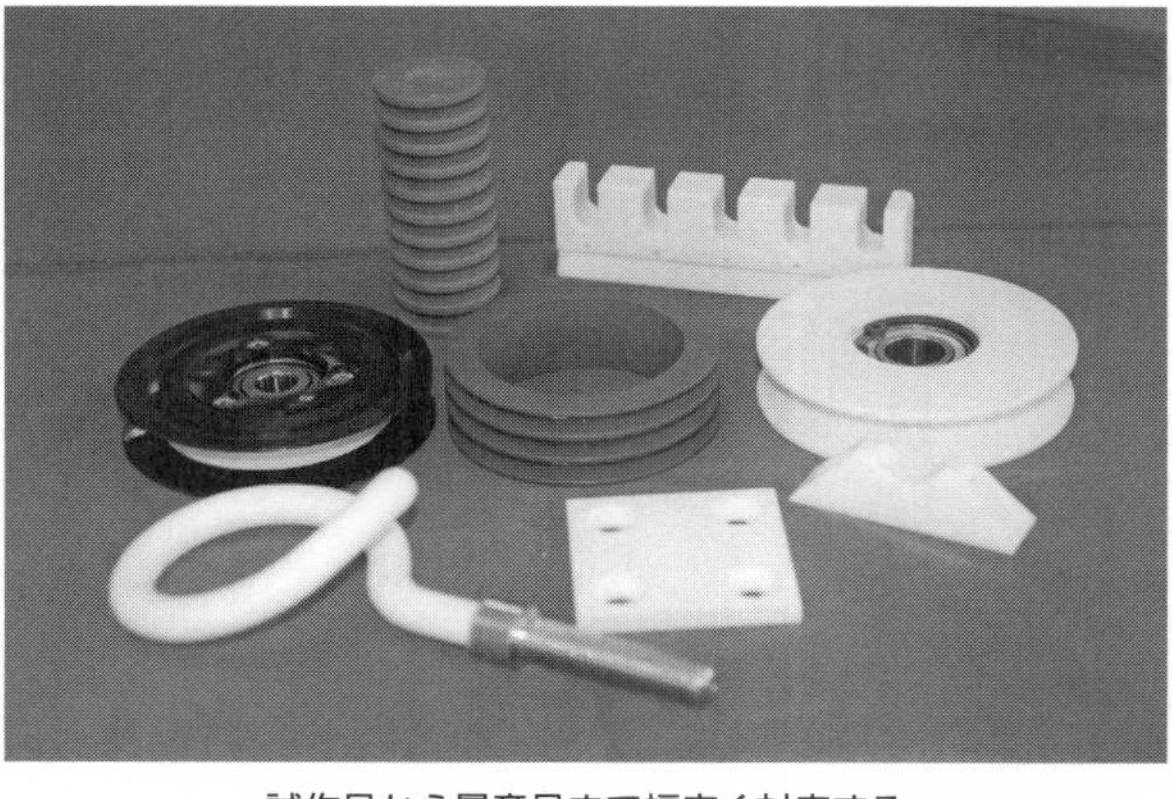

試作品から量産品まで幅広く対応する

多品種少量を可能にする加工技術、ノウハウが持ち味

ロット品生産のノウハウを基に対応可能としている。

加工の技術、ノウハウとともに、多品種少量生産への対応で効果を発揮しているのが金型の内製化だ。セラミック材料を金型で成形し、切削、研磨加工を施して仕上げるが、これらの工程の中では金型製作に掛かるコスト負担が最も大きい。本格的に金型内製化に踏み切って以来、20年近くになる現在、内製化率はほぼ100%という。金型内製化はコスト低減、短納期といった生産面での効果とともに、顧客からの信頼獲得にも大きな効果を得ている。顧客からすると金型製作図面が流出する心配がなく、製品情報の機密保持を図れる。同社にとって信用という大きな財産になっている。

電子部品、半導体関連分野に試作対応などアピール

耐熱性、耐摩耗性、絶縁性、超硬性などがセラミック材料の代表的な特性だが、用途によって必要とされる特性はさまざまだ。そこで、同社は2019年9月に本社敷地内で新設した工場棟に噴霧乾燥機（スプレードライヤー）を備え、独自の原料配合により最適なセラミック材料を用意し、高度な成形技術と合わせて部品の高品質化を図っている。

各種機械部品で培ったセラミック製造技術を武器に、今後は電子部品、半導体関連分野で受注獲得に向けて提案、開発を進めていく考えだ。電気自動車（EV）をはじめ、さまざまな製品への電子部品搭載個数が増えるに伴い、電線加工機など関連設備の需要拡大が見込まれている。「電子部品関連の周辺機器のほか、試作などでアピールしていきたい」（緒方吾一取締役）と期待を込める。材料開発の知識と独自の精密加工技術を駆使し、セラミック関連総合メーカーを目指した歩みを加速させている。

▶会社概要

設立年月：1973（昭和 48）年 5 月
所 在 地：愛知県瀬戸市穴田町 968
資 本 金：1000 万円
電話 /FAX：0561-86-8702／0561-48-3008
従業員数：25 人
事業内容：産業機械向けのファインセラミック部品の製造・加工

URL：http://toshin-ceratec.co.jp

光学用ジャバラの先駆者として新時代を拓く

株式会社ナベル

ナベルは光学用ジャバラの先駆者だ。ジャバラの国内シェアはカメラ用で80％、レーザー加工機光路用で95％と高い市場占有率を誇る。光学用、医療機器用、レーザー光路用など幅広い分野で採用が進んでおり、近年は大手の半導体やロボット関連企業で同社のジャバラ技術を取り入れた製品の採用が増えている。三重大学との共同開発や異業種との業務提携を推進。永井規夫社長は「社会貢献を念頭におき、各分野で確固たる地位を築いていきたい」と新時代に向け新しい形での発展を目指す。

●社是・企業理念

【社訓】
＊温故知新可以為師
＊無から有を生み出せ

【経営理念５か条】
1. 私たちは「機能的なカバー」を蛇腹と考えます。
2. 私たちは蛇腹を通じて時代のニーズに合った社会的貢献に努めます。
3. 私たちは常にエンドユーザーの立場でもの造りを考えます。
4. 私たちはあらゆる課題に対し何時も陽転思考にあふれた明るい集団を目指します。
5. 私たちは日々自分の発見と自己実現に努め会社の発展と生活の向上を図ります。

代表取締役社長
永井　規夫 氏

ジャバラ技術、海外でも高い評価

創業者の故永井諒氏の「必要な時に伸び、不要な時に縮むモノ」というコンセプトを基に、ジャバラ技術を磨いてきた。１９９５年に山口県阿武町に進出した山口工場は工作機械用ジャバラの生産拠点として順調に規模を拡大。２０２０年には新工場棟を建設したことにより、労働環境の改善と生産効率が高まり、生産性は従来比で約2倍に向上した。

同工場は新製品の生産拠点としても位置付けられている。21年度には投入予定の放電加工機用フィルターの生産を控えている。戦略領域に関して、現在では19年からジャバラを機能的なカバーかつ顧客が望む環境形成向上製品と位置づけ、従来の要素部品メーカーとしてのものから、「コト」への転換を推し進めている。

高品質な製品は海外でも評価を得ている。米国ノースカロライナ州にある生産拠点「ナベルＵＳＡ」は、１９９８年の設立以来、米国に進出する日系メーカー向けに医療現場の診察台、ＣＴスキャナーの駆動部カバーをはじめ、各種ジャバラを生産する。

取引先には米ゼネラル・エレクトリック（ＧＥ）、オラ

ナベルの「災害安心セット」

ナベル山口工場第６棟外観

ンダのフィリップスといった世界的な医療機器メーカーも多い。また、充実したアフターケアの拠点としても重要な役割を果たしている。

海外展開は工場進出にとどまらず、積極的な提携戦略を推進している。２０１8年には台湾ロボットメーカーのテックマンロボット（ＴＭ、桃園市）と協働ロボットの販売提携を結んだ。ＴＭは全世界で80社と販売代理店契約を結んでおり、今後の日本でのシェア拡大が注目されている。

ブランディング事業を加速

２０２1年1月、同社はブランディング事業を加速させるために「災害安心セット」を販売した。災害対策用の折り畳み式ソーラーパネル「ベラソーラー」とリチウムイオン蓄電池、業務提携先のカワイチ・テック（千葉県成田市）が開発した水質浄化剤「ＫＴパウダー」とスプレーボトル入りの次亜塩素酸水「セラ」を組み合わせた。

ベラソーラーは16年に三重大と共同開発した折り畳み式ソーラーパネル「ナノグリッド」をスマートフォン、携帯電話向けに特化させた製品。パネルが破損した場合や日陰になっても残りの部分で発電できるのが特徴だ。今後はBツーC（対消費者）向け販売を拡充させ、ブランド力の向上を図る方針だ。

同社の持ち株会社であるナベルホールディングス（HD、三重県伊賀市）は18年、名古屋市東区に名古屋営業所を開設した。工作機械、自動車、航空宇宙産業が集積する中京圏で営業体制を拡充し、ジャバラなどの各種製品、サービスを拡販するのが狙い。

また中京圏には理工系の大学や高等専門学校、工業高校が多いことから、将来を見据えた優秀な人材確保にもつなげていく考え。グループ全体の体質強化を着々と進めている。

▶会社概要

創業年月：1972（昭和 47）年 10 月
所 在 地：三重県伊賀市ゆめが丘 7-2-3
電話 /FAX：0595-21-5060／0595-23-5059
資 本 金：5000 万円
従業員数：188 人
事業内容：各種蛇腹製品製造販売、協働ロボット（TM Robot）販売

URL：https://www.bellows.co.jp/

開発力に強み、常に一歩先を行く改革者

株式会社八幡ねじ

ネジを中心とした締結部品の開発、製造、販売を手がける八幡ねじ。小さな磨ボルト製造工場からスタートし、時代を先取りした取り組みで着実に事業を拡大してきた。製造業向けから一般消費者向けの商材まで幅広く手がけ、取扱い商品数は約40万アイテムにのぼる。

●時代先取りIT化、デザインマネジメントでも先手

同社が消費者への認知を高めたきっかけとなったのが1975年の小売業界への参入だ。当時の日本では、ネジの販売方法は大ロットのまとめ売りが主流。一方で米国

●社是・企業理念

【社是】

三方善の精神で新技術・新分野を拓く

【社訓】

一、私たちの働きが社会への貢献に通ずること

一、私たちの働きが全員の幸福に通ずること

一、私たちの働きの手段・方法が反社会的でないこと

代表取締役社長

鈴木　則之 氏

は、今では一般的なＤＩＹ向けに少量ずつ販売する方法を取り入れていた。この販売方法の導入を検討していた日本のホームセンターからの打診を他社が断る中、唯一応じたのが同社だった。

商品数や取引社数が増える中で取り組んだのは商品管理・物流のシステム化だ。79年には社内にコンピューターを導入し、82年には受発注をオンライン化した。ＱＣＤＡ（品質、コスト、納期、お客様ごとにあわせた納品形態）を発展させることを「整流化」と唱え、その実現のために自社開発の物流システム「ヤハタ・フローシステム」や受発注システム「ＹＥＳ」へと発展させ、受発注・製造・在庫管理・出荷を一括管理できるようになった。２０１７年には物流拠点の「テクノセンター」（岐阜県各務原市）を稼働。１日１万件以上の受発注をバラ、ケース、パレット出荷など

受発注から出荷までを一元管理している物流拠点「テクノセンター」

顧客の要望ごとに効率的に処理している。また、デザインマネジメントにもいち早く取り組み、一般消費者には分かりづらいネジを探しやすく簡単に購入してもらえるよう、デザインパッケージの販売にも注力した。

ＩＴ化やデザインマネジメントに早くから取り組んだ活動が評価され、第1回中小企業ＩＴ経営力大賞・経済産業大臣賞や第1回デザイン・エクセレント・カンパニー賞の受賞につながった。

フットワーク軽く、パートナーと課題解決目指す

近年意欲的に取り組んでいるのが産学連携による共同開発だ。2016年には兵庫県立大学とともに、ネジ単体でゆるみを防止する「くさびロックボルト」を開発した。ボルトの谷部に傾斜面（くさび面）を設け、この非対称なネジ山がナットのネジ山にあたることでゆるみ止め効果を生む。接着剤を塗布する手間やコストを削減することで人手不足にも対応でき、顧客からの引き合いも増えているという。

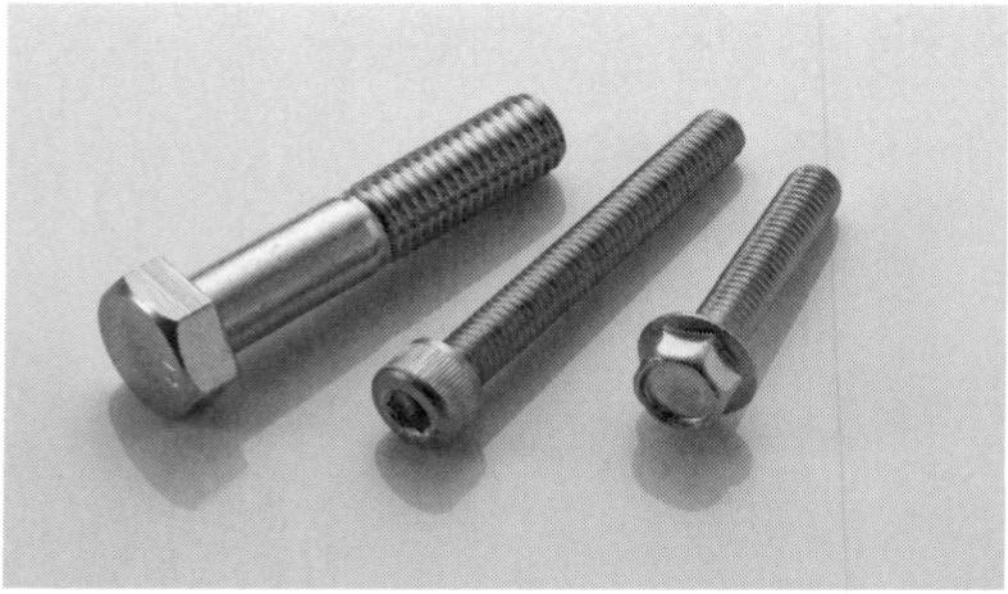

兵庫県立大学と共同開発した「くさびロックボルト」

そのほかに、芝浦工業大学とのアルミニウムに対する皮膜処理の開発や、早稲田大学との

AIによる在庫管理システムの開発、名古屋工業大学との遺伝子アルゴリズムを活用したピッキング作業の最適化システムの開発なども行っている。鈴木則之社長は「フットワーク軽くさまざまなパートナーと協業し、あらゆる課題を解決する」と、その思いを語る。

未来への種まきは人材開発の面でも進められている。同社には一般消費者向けの商材から工業用製品までの企画・開発・販売を手がけるプロジェクトがあり、入社5年目以下の若手社員が多く参加している。「失敗して何度も挑戦する過程が後々必ず生きてくる」（鈴木社長）と、自ら主体的に取り組む風土を育てる考えだ。

同社は65歳以上でも希望する社員はパート社員として働くことができ、最高齢で83歳のベテラン社員も活躍する。若手の採用も積極的に行う一方で、熟練の技の伝承にも力を入れている。業務のノウハウを積極的に共有し、社員が一丸となって日々技を磨いている。

▶会社概要

創業年月	1946（昭和 21）年 9 月
所 在 地	愛知県北名古屋市山之腰天神東 18
電話 /FAX	0568-22-2629／0568-23-5098
資 本 金	16 億円（グループ計）
従業員数	1051 人
事業内容	ネジを中心とした締結部品の開発製造販売、DIY 商材を中心とした一般消費者向け商材の企画製造販売

URL：https://yht.co.jp

10
工具

スピード対応で納期厳守率99・328%を実現

株式会社CJVインターナショナル

ＣＪＶインターナショナルは「切削加工に必要な全てを提供する」（佐藤慎太郎社長）ハイブリッドカンパニー。オーダーメードの切削工具の製造・販売や、国内外の工作機械の提供など幅広く対応している。営業スタッフと独自の生産システムを核に、最速で最適なソリューションを提供する。その強みは圧倒的な短納期と納期厳守。中国とベトナムを合わせた国内外3カ所に製造拠点を持ち、厳密に管理された独自の生産システムを駆使した生産体制は常に余剰がある状態を維持している。特急対応専用の設備と人員を配置し、急な依頼にもスピード対応を徹底している。

●社是・企業理念

私たちは顧客第一主義に誠実さと素直さを持って徹し、高いハードルを「最後までやる」精神で乗り越え、世界中の顧客へ「満足」を提供し、社業の発展を通して社会の進歩＝「日本再建～Change Japan Valuable～」に貢献します。

代表取締役社長
佐藤　慎太郎 氏

一貫体制で圧倒的スピードを実現

佐藤社長は自社の生産体制を「計画を必要としない生産計画」と表現する。受注に合わせて計画を立てるのではなく、すべての案件をスピード対応することで受注残を出さないという考え方だ。その結果、最短で朝に依頼された受注を夕方に納品するという突出した速さを実現している。超硬・ハイスやPCD・CBN工具など、同社が手がけるオーダーメードの工具は、工具寿命が長く使用環境にまで配慮が行き届いており、生産性向上や不良率の低減に大きく寄与すると好評だ。

迅速対応を支えるもうひとつの要素が人材だ。同社の技術営業スタッフは、設計から見積もりまで、顧客との打ち合わせの場で全て対応する一貫体制。分業しないことで生産開始まで

自動車、航空宇宙、半導体など工具の顧客は多岐にわたる

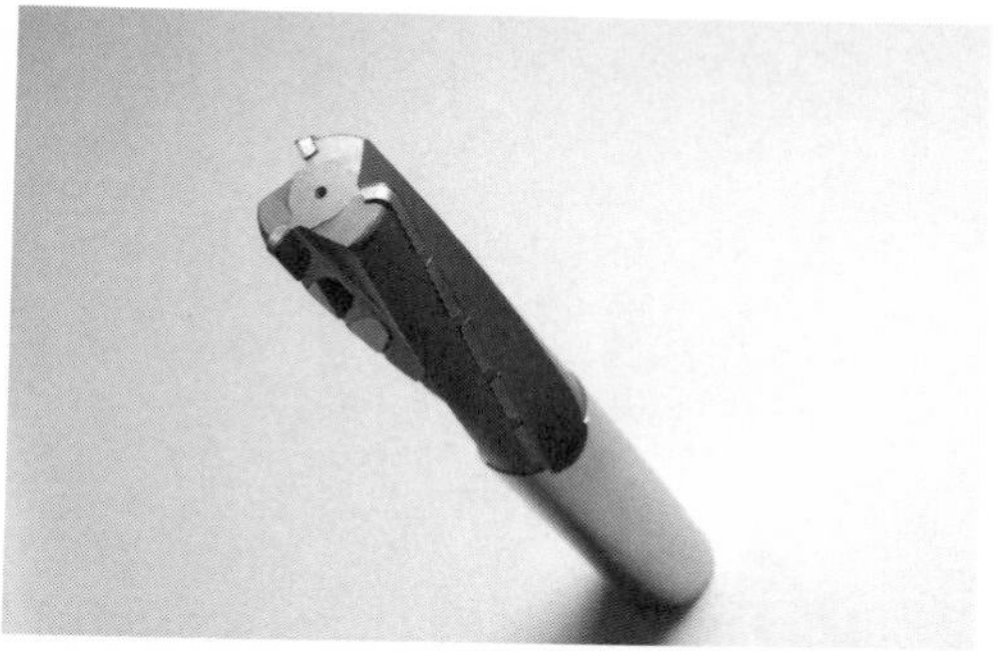

オーダーメードによる工具は長寿命で、使用する環境にも配慮した設計

の時間を大幅に削減し、顧客の要望を最大限にくみ取ることができる。その結果、同社は納期厳守率99・328%を実現。最終的には100%を目指している。「お客さんの抱えている課題や問題を解決するための提案をすることで、製品を提供する以上の付加価値を感じてもらう」（佐藤社長）ことを重要視しているという。

創業8年目の同社だが、顧客数は3000社を超える。顧客の業種は自動車や二輪車をはじめ、航空宇宙や半導体、建設機械など多岐にわたる。営業スタッフは継続的に顧客を訪問するなど、アフターフォローを徹底し、顧客との信頼関係を構築している。

100人で100億円目指す

最も重要視するのは人材の育成。入社した社員は1年間に渡り研修を受ける。半年間は座学で切削工具の基礎や原価計算について学ぶ。これにより営業・業務・技術・製造の全ての社員が設計から見積もりまでを手がけることができるようになる。その後の半年は実践研修として、先輩社員とのロールプレーイングや同行営業を経験。文系理系にかかわらず「モノづくりに興味を持っており、主体的に学べる人材」（同）を採用している。

社風について佐藤社長は「風通しがよい」と表現する。従業員の7～8割が20～30代だ。将来は「100人で100億円を売り上げたい」（同）と意気込む。現在は7つの国内拠点を設けているが、全国制覇が当面の目標。ゆくゆくは海外拠点もさらに拡大していく方針だ。

既存事業はIoT（モノのインターネット）やロボットを活用し、スマートファクトリーの実現を進めさらなる生産効率の向上を図る。2021年に稼働予定の新工場も含めて働きやすい職場づくりを進め、製造業では比較的定着が難しいという女性社員の比率を「現在の1割程度から全体の3割まで増やしたい」（同）と意気込みを見せる。

▶会社概要

創業年月：2012（平成24）年10月
所 在 地：名古屋市緑区大高町下塩田18番地
電話/FAX：052-693-7010／052-623-4486
資 本 金：9900万円
従業員数：75人
事業内容：超硬特殊切削工具、PCD特殊切削工具、水系超音波洗浄機、コレットチャック・ガイドブッシュの製造販売、一般工具、治具、各種工作機械の販売

URL：http://www.cjv.co.jp/

超硬合金素材の開発から加工品まで一貫体制で対応

東海合金工業株式会社

東海合金工業は、超硬合金素材の開発から加工品までを手がけている。1個単位からオーダーメードが可能な多品種少量生産や、マイクロメートル、サブマイクロメートルレベルの精密加工が強みだ。ドリルやリーマといった切削工具を主力とするほか、精密金型部品なども手がける。顧客の高い要望に応え納期を順守することで技術力を高め続け、工作機械、自動車、電子部品業界を中心に事業を展開してきた。

●素材から加工まで提案営業を強化

●社是・企業理念

我々は顧客の喜ぶ値打ちのある商品を製造・販売する企業になろう。

代表取締役社長
松本　優造 氏

同社の主力拠点は本社工場（愛知県瀬戸市）と、岡山県津山市にある合金・精密加工工場で、各種超硬合金の配合から成形・焼結、加工まで一貫で手がける体制を整えている。同じ超硬合金でも材料や加工のみを扱うメーカーもある中、原料から完成品までをワンストップ提案できる強みを生かし、近年は提案型営業の強化にかじを切り始めている。

例えばプレス用金型は、特に材料や材質がカギとなる。主成分である炭化タングステンの配合や粒度、結合材の配合比など、そのレシピは門外不出だ。これらの培ってきたノウハウで、設計や製造だけでなく、材料から工法までトータルでコンサルティング的な提案を実施。松本優造社長は「オーダーメードで顧客のニーズの先まで考える展開ができれば」と、さらなる提案力の強化に意欲を示す。顧客の要求に応じることがメーンの受け身の態勢から、攻めの姿勢で世に役立つモノづくりの実現を図る。

精密加工力の高さで完成品により近い形にすることで、製品の付加価値や競争力は高まる。そんな技術力を売りにする同社は人

ニーズに応える精密加工品を製作

2024年に創業60周年を迎える

材を大切にしており、従業員は全員正社員であることにこだわっている。現在は多能工化にも取り組んでおり、モノづくりの技能継承につなげたい考えだ。合わせて拠点間の重複機能をなくすなど、業務の効率化にも着手。一方で、現状は人手に頼る部分の多い生産面の自動化は今後のテーマだ。

もう一つの課題が、電気自動車（ＥＶ）や燃料電池車（ＦＣＶ）などの電動車対応だ。ＥＶ用などを想定して、精密加工技術の開発を進めている。松本社長は「モーター領域などに注目しており、電動化に向けた体制を整えようとしている」と方針を語る。顧客のニーズをしっかりと捉え、対応していく考えだ。

社内変革を持続成長につなげる

変化の激しい時代で生き残るため、社内では新たな挑戦も始まった。若手人材を交えた「全社横断プロジェクト」

だ。各部署から若手を中心とした選抜人材を集めた少人数のチームを作り、全社に関わるテーマについて部署の垣根を越えて議論する。

同社は元々、部署ごとの縦割り意識が強かった。しかし『自分の仕事だけをしていればいい』という意識では、会社全体として強くなれない」という危機感を持った松本社長の大号令の下、プロジェクトが発足。社内の意識変革に加え、若手にも会社経営に直結する活動に参加してもらうことで、モチベーション向上にもつなげる狙いだ。現在は人材育成や品質といったテーマを対象に、採用や社内研修、品質保持のための業務管理のあり方などについて話し合っている。「巻き込もう」を合言葉に継続的にテーマに取り組み、社内の活性化を図る。

同社は3年後の2024年に創業60周年を迎える。その先の100周年も見据え、時流に沿ったニーズを見極め技術力で貢献していく方針だ。

▶会社概要

創業年月：1964（昭和 39）年 1 月
所 在 地：愛知県瀬戸市坊金町 236 の 1
電話 /FAX：0561-84-2611／0561-86-0255
資 本 金：7500 万円
従業員数：115 人（2021 年 1 月時点）
事業内容：超硬合金、超硬合金工具、超精密金型の製造・販売、スプレーノズル設計

URL：https://www.tokai-gk.co.jp

社員思考で「新しい価値」をデザインする創業125年の刃物メーカー

福田刃物工業株式会社

福田刃物工業は岐阜県内唯一の工業用機械刃物メーカー。1896年に国内初のポケットナイフ量産メーカーとして創業し、1921年にお札など紙を切る機械刃物「断裁包丁」の製造を日本で初めてスタート。2021年は創業125年、機械刃物を始めて100年となる。刃物の技術を生かし、80年代には工作機械などの部品製造にも乗り出した。2013年に社長に就任した福田克則氏は「経営理念や経営計画は役に立たない」「ノルマや数値目標は障害になる」「社長がやりたいことではなく、社員がやりたいことを実現する」といった社員思考の独特な経営

●社是・企業理念

1921年に誕生した商標「GAKUTAI」

GAKUTAI®
FUKUDA HAMONO
EST. 1896

代表取締役社長
福田　克則 氏

で、ここ10年で高収益企業に成長させた。

他社との違いはなにか、を考える

100%社内一貫生産体制、100%受注生産で年間1万2000種類、新規で4000種類の製品を生産している。刃物用途はリサイクル粉砕用、食品加工用、ゴム・樹脂加工用、紙・段ボール加工用など極めて広範。これを可能にしているのは、類稀な技術と圧倒的な営業力だ。

そして同社は熱処理、ろう付けを自社で行う異質な刃物メーカーであり、歪を正確に細かく判断し、すばやく矯正できる職人が何人もいる。「歪矯正は技術・スピード面で他社に負けない」(福田社長)。マシニングセンター(MC)や各種研削盤の最新設備を多数保有し、3ミリメートルから5300ミリメートルまでの加工実績がある。

コロナ禍の影響で、20年の刃物工業会の売上高は前年比19・3%減と大幅に悪化。しかし同社の刃物売上高は前年

16年に第4工場、21年に第5工場(左端)が完成

工場視察と講演に多くの来場者が訪れる

比1・1％増と過去最高を記録した。「どこよりも営業が積極的に動いた結果。社員にとっても大きな自信につながった」と福田社長は誇らしげだ。一方、ＩＴ向け部品など「非刃物」の売り上げが伸びている。半導体製造装置の搬送部品、第5世代通信（5Ｇ）に必要な積層セラミックコンデンサー用部品などの製品が特に好調だ。

自分起点で動く社員

オリジナル商品もある。自動車塗装後の異物を除去する「クリアカッター」だ。「受注生産はわが社の特徴だが、わが社にしかできない商品を開発する楽しさも経験したい」（福田社長）。同社は２０１９年12月期まで10期連続で増収増益を達成。経常利益率も常に2ケタを維持している。20年は新規顧客が大幅に増加し、受注が前年超えとなった。21年は新分野の開拓が活発化し受注・出荷ともに過去最高となる見込みだ。「当社は１００％正社員。技術力・営業力が他社より優れていて収益率が高いのは当たり前」(同)。社内に33人いる営業は、自分で考え日本全国で地域密着営業を実践している。「営業も技術も自分の意志で動く社員が多い。野心的な20~30歳代の熱量には感動させられる」という。

21年3月に第5工場と新しいオフィスが完成した。社員のアイデアで実現した、社員のための快適な仕事環境だ。3月末時点の社員数は前年と比べ14人増えて126人になる。それでも「現在も中途採用を継続している。来年の新卒者は10人以上採用する」(同)。最近、嬉しい誤算があった。かつて後継者不足だった歪矯正を志望する人が増えており、「刃物の精度を決めるたいへん重要な工程、若者にとっても魅力的だと思う」という。

「社員が誇れる、顧客が憧れる、他社がお手本とする会社。そんな本質的な価値を具現化していく」。福田社長のミッションはいつも明確だ。

▶会社概要

創業年月：1896（明治29）年
所在地：岐阜県関市小屋名353
電話/FAX：0575-28-5888／0575-28-2108
資本金：3000万円
従業員数：126人
事業内容：工業用機械刃物、工作機械部品、半導体製造装置部品

URL：http://www.fukuda-web.co.jp

ツールエンジニアリングで顧客ニーズに応える、車の電動化にも対応

富士精工株式会社

富士精工は、自動車エンジンやトランスミッションの加工用超硬工具が主力。ユーザーニーズに合わせて一点一様で図面を作成するオーダーメイドで、加工設備がベストの能力を出せるようサポートする。切削工具と工具保持具をトータルで設計、製作できる特殊工具メーカーは国内でも有数。さらにM&A（合併・買収）により、「工具から機械まで、設備全体が一気通貫でわかるメーカーへの脱皮」（鈴木龍城社長）を目指している。

海外拠点は9カ国13拠点とグローバルに展開。自社製品以外の工具も扱い、顧客の近くで最善の提案ができる技術

● 社是・企業理念

【経営理念】
「誠実」「高品質」「顧客第一」
【経営基本方針】
1、社会への奉仕
2、顧客への奉仕
3、技術開発
4、個人能力の開発
5、職場の和

代表取締役社長
鈴木　龍城 氏

力ときめ細かいサービスが強みだ。百年に一度と言われる自動車業界の変革期に対応し、ハイブリッド車（ＨＶ）や燃料電池車（ＦＣＶ）向け製品の開発も着々と進める。

技術開発に重点

技術者は時に客先に出向するなど、顧客の懐に入り込んで情報交換し、ニーズにこたえる。これにより電動化の動きにもいち早く対応できた。ＨＶ向けは20年以上前からモーター関連で携わり、現在ではＦＣＶの水素タンク製造にも貢献するなど、エンジン関連以外の仕事も着実に増やしている。「今は売上高全体の５％程度だが、技術開発を強化し、大きく伸ばしていきたい」（同）と成長を期待する分野だ。

技術者の採用、育成にも力を入れる。設計は国内のほか、中国やインドネシア、米国などでも行っており、技術の海外移植が進む。また近年は「お客様の工具室」をコンセプトとするツールマネージメントサービスが顧客から好評を得ている。顧客の工場で必要とされる工具を管理し、品質の問題を解決する。自社製だけでなく、他社製も含めた提案をするため、総合

電動化対応の事例（巻線カット用電動ニッパ）

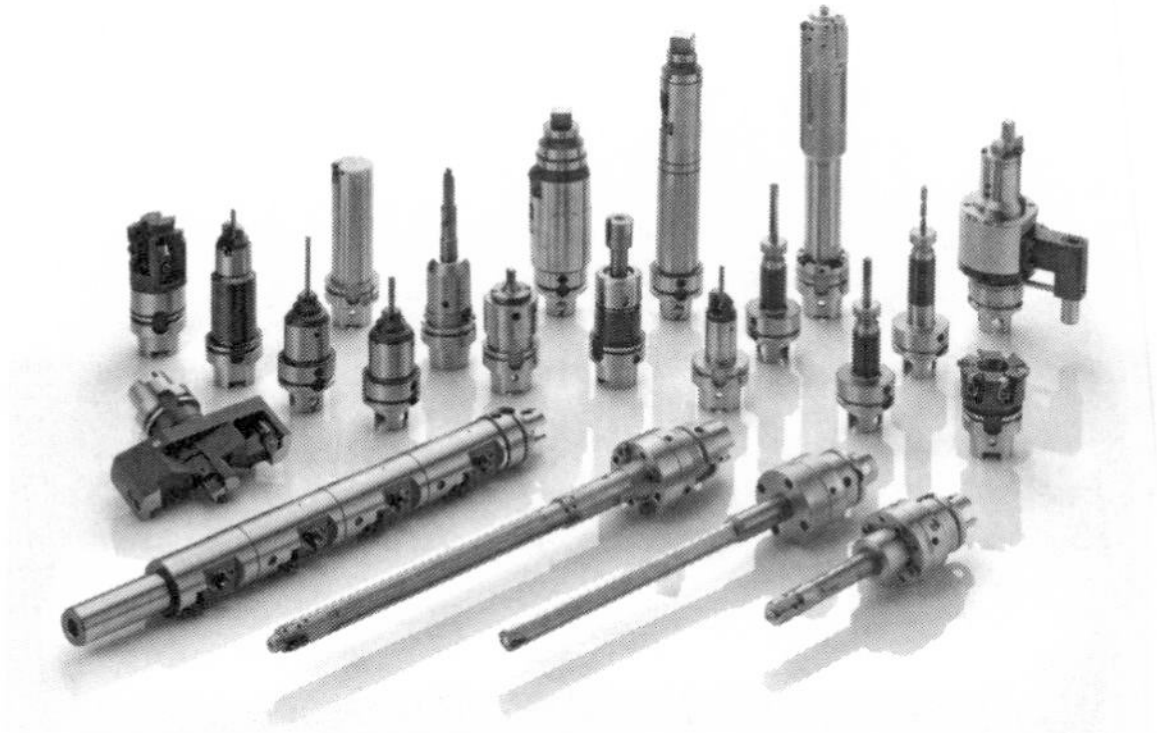

さまざまな要素技術が凝縮した富士精工のコアアイテム（特殊工具）

的な工具の知識と顧客から絶対の信用がなければ成立しないビジネスモデルだ。

２０２１年3月には専用機や精密スピンドルを製造する志賀機械工業をＭ＆Ａにより子会社化した。富士精工は主力の切削工具や保持具工具に加え、新たにロボット制御技術の開発を進める。これらに志賀機械の総合的な機械のノウハウを融合することで「工作物との接触点から機械設備まで一気通貫で提案する、新たなチャレンジのきっかけとしたい」（鈴木社長）と意気込む。

根幹にある経営理念

富士精工の社名は「日本一（富士）の精密工具（精工）をつくる」という創業者の故・森清氏の志に由来する。経営理念は『誠実』『高品質』『顧客第一』。企業理念が独自の企業文化をつくり、企業経営を向上させる。「経営理念を全うするのが全社員の仕事」と、3代目の鈴木社長は言い切る。創業60周年（18年）の翌年には、森氏の言葉や経営理念を記した従業員手帳を作成。従業員はそれを常に身につけ、朝のミーティングで輪読している。

顧客と誠実に向き合い、愚直にモノづくりを追求する。その社風は「古くさく感じる部分もあるかもしれないが、挑戦を尊重する雰囲気もある」（同）という。個性を尊重し、一芸に秀でた人間への成長を促す。一方で、職場の和や協調性を尊び、「個性を尊重しながら、コミュニケーションにより会社の最適化を目指すのが本意」（同）と説明する。

業界を取り巻く環境の劇的な変化に「常に変化を求める状態にしないと生き残れない」と鈴木社長は危機感を強める。揺るぎない経営を支える経営理念と、受け継がれる挑戦のＤＮＡが今後も成長を支える原動力となる。

▶会社概要

創業年月：1958（昭和 33）年 3 月
所 在 地：愛知県豊田市吉原町平子 26 番地
電話 /FAX：0565-53-6611／0565-53-6601
資 本 金：28 億 8201 万円
従業員数：1571 人（連結、2020 年 8 月時点。単体は 471 人）
事業内容：超硬工具、ダイヤモンド工具、治具、金型の製造、販売

URL：http://www.c-max.co.jp/index.htm

11

その他／建築資材 機能性塗料 機能性ロープ 受託製造 木材活用 CFRP加工

磁気シールド事業に挑むグレーチングメーカー

石田鉄工株式会社

石田鉄工は創業から50年以上、側溝ふたに使われるグレーチングを製造、販売している。量産品で攻勢をかける大手の競合他社に対し、創造力に富んだオリジナル商品を武器に市場を勝ち残ってきた。２０１９年からはグレーチング事業で培った鉄を扱うノウハウを生かして磁気シールド事業をスタート。グレーチングに次ぐ第2の柱に育てようと意気込んでいる。磁気を遮蔽《しゃへい》する特殊な鋼材で作るボックスや、シールドルームの提供を通じて医療分野の研究開発を支援し、その進歩に貢献する。

●社是・企業理念

「共存共栄」

誰のために、何のために、なぜ取り組むのか、家族の為・地域の為・地方の為・日本の為・世界の為に繋がる役立つ企業として共存共栄を目指します。

代表取締役社長

石田　昭三 氏

技術力見込まれ20年間、委託製造

同社は顧客の声を丹念に拾い、自社の開発部隊にフィードバックすることでオリジナルのグレーチングを次々と生み出してきた。製品には安全性や排水性、施工性だけでなくデザイン性も発揮。16年に三重県で主要国首脳会議（伊勢志摩サミット）が開催された際は、記念にアコヤ貝を充填したグレーチングを開発して地元を盛り上げた。一方、特殊仕様のラインアップを拡大するには徹底した品質、納期管理が必要となる。これを実現する技術力と設計力、生産管理能力も同社の大きな強みだ。

約20年前、大同特殊鋼から磁気シールド製品の製造を委託されたのも、モノづくりの実力を見込まれてのことだった。同製品は特殊合金「パーマロイ」の扱いに高度な技術が必要とされる。パーマロイは加工時の衝撃によって磁気を遮蔽する特性を失うため、加工後は1000℃以上の熱処理を施すことで特性を復元させる。熱処理の時間や方法

製造時の電力消費を抑えたグレーチング

オリジナル設計による磁気シールドルーム

にノウハウを要する上、処理後は衝撃を与えぬよう丁寧に組み立てなければならない。「社内でも限られた人間にしかできない繊細な作業」（丹羽重雄磁気シールド事業部技術製造本部長）だ。

委託製造を請け負った約20年間、納入先の研究室や医療測定器メーカーから製品性能を高く評価されてきた。19年10月に事業を完全譲渡されると、設計から販売まで担う自社事業として新たなスタートを切った。

●製品開発に着手　将来は学会発表も視野に

「磁気シールドルーム」は、磁気センサーを使った医療測定器に必要なボックス状の部屋。周囲の不要な磁気を遮蔽し、人体が発する微弱な磁気を正確に測定できる環境を提供する。磁気センサーを使った医療測定器は精度が高く、従来の測定器では発見が難しい病気の検査に利用される。病気の早期発見だけでなく、人体に触れないため検査時の患者への負荷軽減というメリットもある。高齢化社会において今後、採用拡大が期待される製品だ。「磁気シールドボックス」は、研究機関が正確に実験を行うための環境を提供する。これまで同社製品によってデータ精度や実験効率が向上したという、多数の研究者の声を受け取ってきた。高品質でリーズナブルな製品づくりには自信を持つ。

20年2月、オリジナル設計による磁気シールドルーム1号を医療測定器メーカーへ納入した。現在は入り口の段差をなくしたバリアフリー仕様を製作中。21年春から自社工場に展示し、PRする予定だ。将来的には研究機関とタッグを組んでさらに高性能な磁気シールド製品を開発し、学会で発表する計画も視野に入れている。まずは知名度を上げ、新たな看板商品に育てていく考えだ。石田昭三社長は「最終目標は売り上げ10億円」と気炎を上げる。同社の挑戦は、始まったばかりだ。

▶会社概要

設立年月：1967（昭和42）年9月
所在地：本社　三重県桑名郡木曽岬町大字見入流作95
電話/FAX：（本社）0567-65-1155／0567-65-1165
（磁気シールド事業部）0567-65-1010／0567-65-1011
資本金：1000万円
従業員数：173人
事業内容：建設資材製造販売・道路側溝（グレーチング）・磁気シールドルームまたはボックス

URL：https://ishida-taihei.co.jp

顧客ニーズに対応して塗料を開発する

オキツモ株式会社

機能性塗料メーカーのオキツモは2013年、経済産業省の「グローバルニッチトップ企業」に選定された実力企業だ。耐熱塗料の国内シェアも50％以上を占める。1957年、日本で初めてシリコーン樹脂を主成分にした耐熱塗料の量産化に成功したことで機能性塗料メーカーとしての足場を築いた。また、95年には独自のフッ素樹脂塗料を開発し、海外展開する日系企業の現地生産にも貢献してきた。近年は、コア技術の耐熱分野とは異なる機能性コーティング剤の開発により医療や電子機器産業といった分野にも市場を広げている。

●社是・企業理念

驚きと感動のモノづくりで社会に貢献し夢のあるユニークな会社を目指します。

代表取締役社長

山中　重治 氏

シリコーン樹脂耐熱塗料を開発

オキツモが機能性塗料メーカーとして飛躍するきっかけとなったのが、シリコーン樹脂を主成分とした耐熱塗料「おきつも」の開発。１９４５年設立の同社は、ラッカーメーカーとして戦後復興の波に乗って事業を拡大。その後、高度経済成長期の50年代半ばを過ぎると、同業大手が技術面でリードする場面が目立ってきた。巻き返しのため、独自製品の開発を模索する中、当時は新素材として注目されていたシリコーンの耐熱性に着目。この特性を生かした塗料の開発に乗り出した。しかし、シリコーンは同社にとって全く未知の材料で、手探りの研究・開発が続いた。試行錯誤の結果、耐熱温度５００℃の耐熱塗料おきつもが完成。57年、量産化にも成功し低コストでの供給が可能となった。おきつもは、製品の耐久性や機能を高める塗料として、暖房器具や2輪・４輪のマフラーなどで採用されていった。現在でも日系バイクメーカーが装着するマフ

看板製品の耐熱塗料「オキツモ」

新設した第３工場

ラーの70％は同社の耐熱塗料が使われている。また、海外進出する日系企業の要望に応え、タイや中国にも製造拠点を置いている。

フッ素樹脂塗料で用途、機能が拡大

１９９０年代始めには耐熱塗料分野でトップの地位を確立していたが、バブル経済崩壊の後遺症から脱却するため「脱・耐熱塗料オンリー」を掲げ、フッ素樹脂を主原料にした、新たな塗料の開発に着手した。しかし、フッ素樹脂の組成は原材料メーカーの企業秘密で、特性しかわからなかった。このため、これまで培った耐熱塗料の技術とフッ素樹脂の特性を統合するといった、一からの開発に取り組み、95年にフッ素樹脂塗料「ナヴァロン」の完成にこぎ着けた。「開発に10年を費やしたが大きな転換点となった」と山中重治社長は振り返る。目標だったフライパンのコーティング剤としては振るわなかった。しかし、大手家電メーカーが、海外工場で製造するホットプレート用のコーティング剤として採用した。ナヴァロンを使うことで、製造工程を削減でき、高度な加工設備を持たない地域でもコーティングが可能になるという理由からだった。これがきっかけで、コンロの天板や電気ポット、他メーカーにも採用が広がり、同社の主力製品へと成長した。

2020年に設立75周年を迎えた同社は、今後の25年を100周年に向けた「第4四半期世紀」と位置づける。山中社長は「次のターゲットが明らかになってきた」と迷いはない。現在、重点分野として医療機器、電子精密機器向け機能性塗料の開発と市場開拓に力を入れている。こうした分野向けに新工場を建設し、本格稼働させた。今後も変化し続ける顧客ニーズにスピード感を持って対応していく方針だ。

▶会社概要

創業年月：1934（昭和 9）年 10 月
所 在 地：三重県名張市蔵持町芝出 1109-7
電話 /FAX：0595-63-9095／0595-63-9063
資 本 金：9981 万円
従業員数：138 人
事業内容：耐熱塗料、フッ素樹脂ならびに機能性コーティング剤の製造販売

URL：https://www.okitsumo.co.jp/

伝統的な組紐技術で新たな歴史を編み出す

ティビーアール株式会社

2020年に創業60周年を迎えたティビーアール（TBR）の福井宏海社長は持論を展開する。「企業の寿命は30年と言われるが、同一事業のことを指しているのではないか、変化できる企業に寿命はない」。強みである組紐《くみひも》製造技術を基盤に漁業やレアメタル（希少金属）の吸着用など数々の領域に乗り出してきた同社。今、特に注力しているのは河川などの水質を浄化する環境分野だ。伝統技術を武器に、繊維の新たな歴史を編み出そうとしている。

●古くて新しい技術

代表取締役社長
福井　宏海 氏

●社是・企業理念

夢と感動を世界へ　宇宙、地球、人類
すべての生命のために　眞理は自然の中にある
地球を結ぶ　未来へ結ぶ

糸を編み込んで作る「組紐」は武士の鎧や着物の帯留めなどに使われる伝統的工芸品。その繊維加工の技術は歴史が長く、2000年前の古代エジプトにもあったとされるほどだ。TBRは組紐技術を生かして、犬の散歩用から漁業用、耕運機や発電機用エンジンのスターターなどさまざまな素材、形状、機能を持つロープを開発・製造している。

同社の前身は漁網メーカーの福井漁網（現福井ファイバーテック）に撚糸を供給する子会社「福井撚糸」。創業した1960年頃は漁網の素材が綿から化学繊維へ切り替わる過渡期で、ロープ寿命が長くなる化繊は、堅くねじれやすく漁師を悩ませていた。福井社長の先代社長にあたる伴辰三氏は「課題を解決するためには組紐が最適」と考え、2000メートル以上の長尺組紐ロープを製造できる機械を開発した。新製造法で作った柔らかくねじれにくい組紐ロープ「クロスロープ」は大きな反響を呼んだ。

その後、68年に同社は親会社から独立、80年には現社長

漁業用や産業用、環境用途など多種多様な組紐が並ぶ

組紐技術を基盤に事業領域を広げてきた

の福井氏を開発担当として招き、「海藻育成用ロープ」など漁業用途の新製品開発を加速させた。だが、日本の漁獲高は84年をピークに減少の一途をたどる。そこで陸上と環境を新たな分野として、86年に同分野へ本格参入した。同社は研究開発テーマを「環境・食料・エネルギー」として、持続可能な循環型社会の構築と地球環境の改善・修復する製品群の開発に取り組んできた。95年には中国に現地法人「上海天維亜編織有限公司」（資本金約４１６０万円〈40万米ドル〉）、従業員数80人（２０２１年１月時点）を設立するなどグローバル化も推進した。

環境分野に時代が追いついてきた

インドネシアの首都ジャカルタでは、上下水道設備の整備遅れによる水質汚染が課題となっている。ＴＢＲが開発した水質を浄化する組紐「バイオコード」は低コスト・短期間で設置できるとして普及が進んでいる。バイオコードは糸の表面に付着した微生物が水中の汚染物質を分解、除去して水を浄化する仕組みだ。特に東南アジアやアフリカ、中東など経済発展が進む地域で同製品が注目され、生活排水処理施設や工場排水の浄化用などで採用されているという。福井社長は「魚が住めるレベルまで浄化できる」と胸を張る。

国連の持続可能な開発目標（ＳＤＧｓ）など環境への対応が叫ばれる昨今だが、製品化したのは30年以上も前だ。漁業に次ぐ新たな収益源として福井社長の主導で環境分野を推進。85年に水質浄化や汚濁防止用製品を発売した。「時代がやっと追いついてきた」と福井社長は笑みをこぼす。

20年６月に創業60周年の節目を迎えた同社。「下手な鉄砲も数撃ちゃ当たる」の精神で、営業部員も製品開発を手がける体制で動いている。福井社長は「まずはやってみることが大事だ」と発破をかける。次の節目を目指し、全社一体の開発で新たな歴史を紡いでいく。

▶会社概要

創業年月：1960（昭和 35）年 6 月
所 在 地：愛知県豊川市小田渕町 4-63
電話 /FAX：0533-88-2171／0533-88-6219
資 本 金：3000 万円
従業員数：33 人（2021 年 1 月時点）
事業内容：組紐ロープ製品（漁業用、農業用、インテリア用、テントシート用、レジャー用、船舶用、環境関連用、スポーツ用、身装用、土木建設用、安全用ほか各種）および関連製品の製造・販売、水質浄化システム設計・施工

URL：https://tbrjp.co.jp/

健康食品・サプリメントに特化したOEM企業

中日本カプセル株式会社

健康食品市場はざっと1兆2500億円（2019年度）とされ、この25年でほぼ倍増した。中日本カプセルは健康食品やサプリメントの受託製造（OEM）企業として15人で創業。今では社員数175人まで成長した。創業時からOEMに徹してきたのは、創業者の「販売まで手がけるとネットワーク構築や独自のノウハウが必要。販売会社に喜んでもらえるよう製造に徹した方が安定する」との考えによるもの。立ち上げ時から一貫して同社に関わってきた山中利恭社長は「当初は苦難の連続で、3年ほどはほとんど仕事がなかった」という。それでも25年間で顧客数は

●社是・企業理念

社業を通じ安心・安全を最優先に健康社会に貢献します

常に学びの精神を忘れずに開発型企業を目指します

「ありがとう」の気持ちを大切に、お客さま、取引先、地域に貢献します

常に誠実に、謙虚に、熱心に、高い志を持って仕事に取り組みます

自らの可能性を信じ、チャレンジ精神を忘れず勇気をもって何事にも挑戦します

代表取締役社長
山中　利恭 氏

1000社を超え年間300社以上の製品を生産するまで拡大した。

植物由来のソフトカプセルも

同社は原料の受け入れ検査から内容物の調合、カプセル充てん、品質検査、包装までの一貫生産を行っている。カプセルにはソフトタイプとハードタイプがあるが、より難易度の高いのはソフトカプセル。内用液をゼラチンなどの皮膜で包み、圧着・成形加工したもので、品質保持能力が高く、消化吸収性も良い。両側からシート状の皮膜を金型の間に送り、回転させて成形する仕組みだ。皮膜の微妙な温度管理によって圧着するので、ノウハウやコツが必要になる。ソフトカプセルだけで8ライン、ハードカプセルも6ライン稼働させている。09年には健康食品のGMP（適正製造基準）認証を取得した。全工程において適正な製造管理と品質管理が求められるもので、健康食品の製造には

原料受け入れ検査からカプセル充填、検査、包装までを一貫生産している

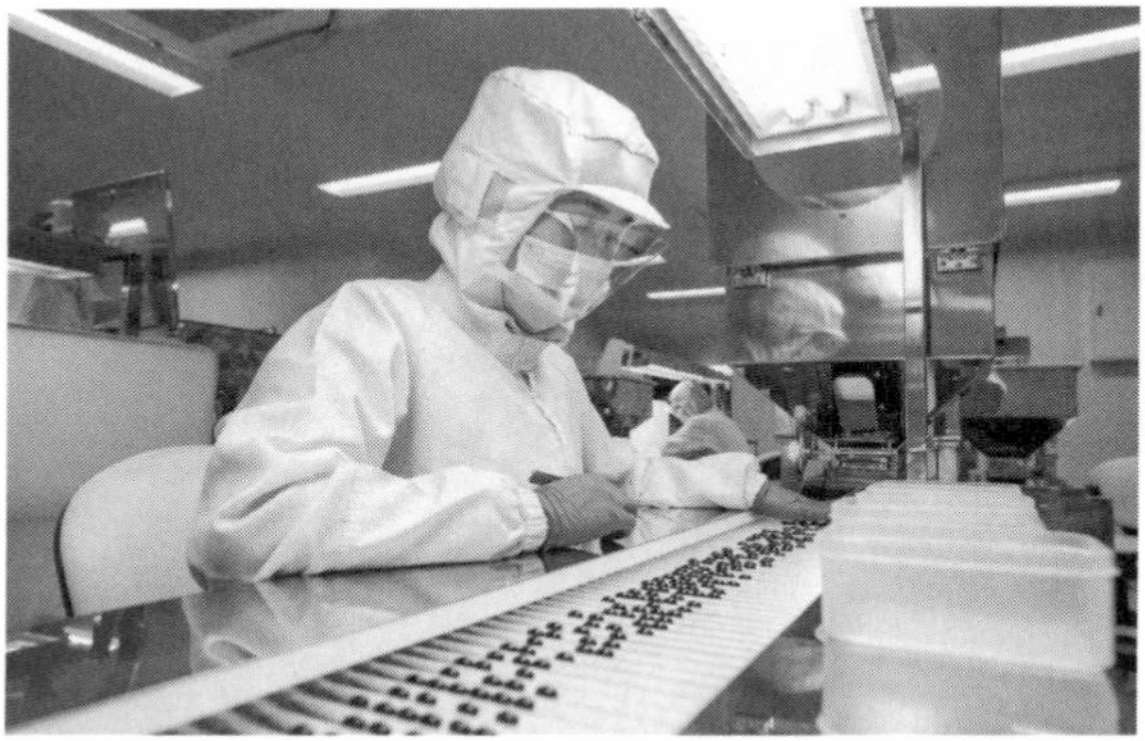

カプセルの選球工程

不可欠だ。事実「大手の顧客はＧＭＰの認証がないと仕事を発注しない」（山中社長）という。

皮膜の材質であるゼラチンは牛や豚など動物由来のものばかりだったが、植物由来のカプセルも商品化した。開発部により今では15件以上の特許を取得しており顧客ニーズの多様化に対応できる。

同社には管理栄養士など専門職チームの「学術係」という部署がある。データ取得・分析などを通じて営業をサポートする部隊だが、コンサルティング的な業務も行っている。例えば顧客が機能性表示食品に参入する際の申請書類作成や申請の代行を請け負う。60社ほどサポートしており、人員を増強して強化する方針だ。

ベトナムに事務所、海外展開も模索

山中社長の父であり創業者である山中穣氏は40歳で「脱サラ」してさまざまな分野で起業した。ガソリンスタンドや飲食業、薬局、酒屋など多種多様で、中日本カプセルもその一つ。父の影響もあったのか、山中社長も事業の多角化には余念がない。12年に介護施設運営会社を設立。現在は大垣市内に2カ所の拠点を持つ。創業間もない頃には清涼飲料水や菓子製造、化粧品製造の営業許可まで取得した。さらに2015年には宅地建物取引業まで開業している。

その一方で海外展開も模索し始めている。第一弾として20年5月にベトナム・ハノイに駐在員事務所を設置した。「日本国内の健康食品市場はまだ拡大するがいずれ頭打ちになる。東南アジアは有望市場になる」（同）と判断した。

同社の経営理念の一つが「学びの精神」。部署ごとに独自の社内資格を設け、給与にリンクさせている。例えば目視検査の検査員や、設備の立ち上げ作業など多岐にわたり、15もの資格がある部署もあれば5つほどのところもある。「いろいろなことを常に学んでほしい」という山中社長の思いを具体化している。

▶会社概要

創業年月：1996（平成8）年8月
所 在 地：岐阜県大垣市荒尾町229-2
電話/FAX：0584-93-1013／0584-93-1014
資 本 金：2300万円
従業員数：175人
事業内容：ソフトカプセル、ハードカプセル、顆粒、打錠など健康食品やサプリメントの受託製造

URL：https://www.nakanihon-cap.co.jp

里山の荒廃や獣害などの社会課題を新発想の装置で一挙解決

日高機械エンジニアリング株式会社

日高機械エンジニアリング（ＨＩＭＥＣ）は、日高機械（石川県志賀町）から木材脱水装置や害獣処理装置、不燃ボードなどの開発品事業の一部を承継し業務を開始した。成長が見込める新規性の高い事業を中心に手がける。開発品のほか、国産木材の用途を拡大する活動「ウッドレガシー」の推進や、水素エネルギーに関する新事業も推進し、社会の課題解決に取り組んでいる。

●国産木材の用途拡大を進める「ウッドレガシー」活動

新たな挑戦の柱は日本産木材の活用と林業の振興、里山

●社是・企業理念

持続可能な環境遺産を次世代に遺すことを目的に、国産木材の利活用による林業の成長産業化を目指す。木材加工機や専用工作機械のメーカーとして培った技術力を基礎に、木材の加工工程の自動化や新工法を開発する。また未知の領域にも踏み込み、害獣問題の解決や里山の再生などに取り組んで地域社会の発展に貢献する。将来的には事業化した各種装置や技術の輸出展開を見据える。

代表取締役
日高　明広 氏

の保全などを総合的に進める活動「ウッドレガシー」。活動の柱として事業化進めているのが粉砕した鳥獣の死骸と木材チップを混練し発酵菌と水分を加えて堆肥化するシステム「害獣堆肥化装置」だ。

捕獲した害獣と用途のない木材を一挙に処理し、里山の課題を解決する。裁断機で細かくした鳥獣の死骸と、ベルトコンベヤーで供給を受けた木材チップを混練機に投入し、混練機内で発酵菌と水を加え、自走式の発酵槽に移し100℃前後で発酵を促す。送風のみで活性化する特殊な発酵菌の特性で撹拌装置は不要。発酵後はコンベヤーで加熱装置に送り乾燥する。処理量に応じて発酵槽は追加可能。供給する水や空気、発生した熱は回収して再利用する。高温で処理するため不快なにおいもせず、感染性ウイルスも死滅する。汚染動物を処理する場合にはロボットやリフトを使って裁断機に投入する。

里山問題の解決に期待される害獣処理装置

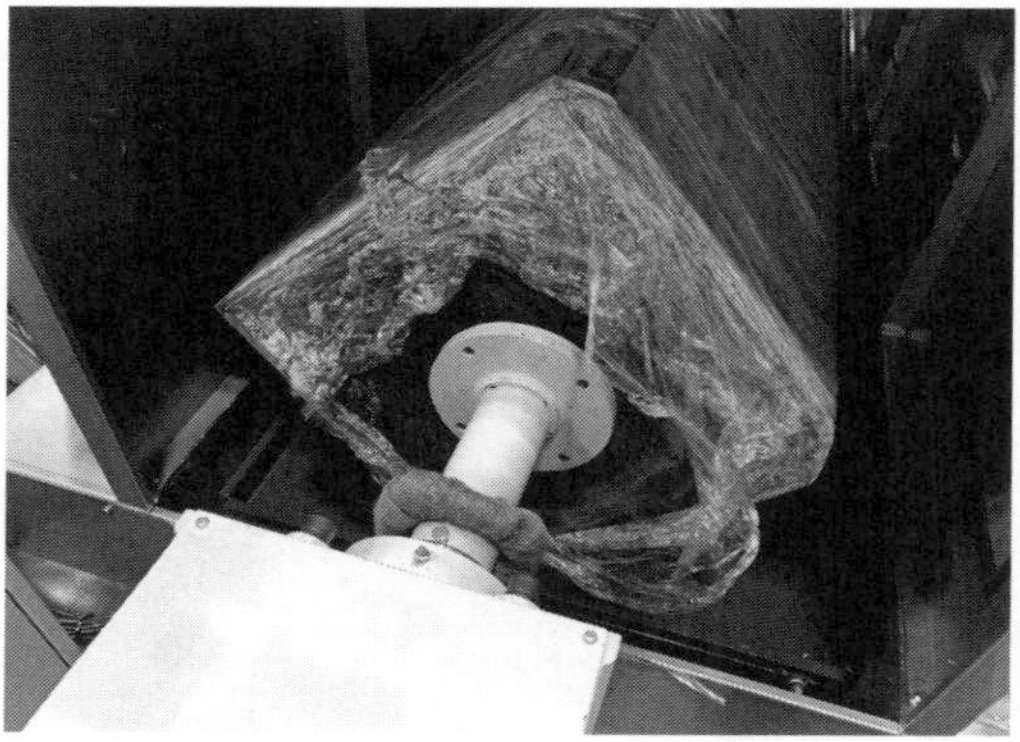

新しい発想から誕生した木材脱水装置

ペットの亡きがらや生ごみなどの処理にも対応し、害獣被害がない季節でも稼働できる。

もう1つの大きな特徴はこれら一連のシステムを輸送用コンテナに収容し移設可能にしたことだ。問題が深刻化する区域に移動していち早く対応できる上、地域社会からの理解も得やすい。システム一括で問題を抱える自治体への採用を目指す。

グループ連携の強化で成長をけん引

日高明広社長は日高機械の専務を兼務し続け、田辺鉄工所（金沢市）、田鶴浜マシンウッド（同七尾市）を含むグループの連携を強化し、全体の成長をけん引する。HIMECはこれからの世の中に必要とされるモノづくりを検討する「シンクタンク機能」を担う。同時に「日高グループの効率的な経営体制の構築と事業承継を見据えた受け皿」としての役割も果たしていく。城郭や社寺仏閣などに用いる木材加工機や木材の脱水装置、パネル工法「ボアズ」を含む木材活用のトータルソリューションはグループ連携の軸だ。

木材の脱水装置はこれまでは育ちすぎて用途がない上、使用するにも15年以上の乾燥期間が必要だった大径材をマイクロ波で内部から乾燥して「脱水」するという全く新しい発想から誕生した。栄養分を含む水分がないため腐食せず、高い強度を長期間維持できる。

注力分野は木材だけではない。日高機械のもう一つの主力事業である工作機械のレトロフィットでもグループで相互に製造を委託し合い、HIMECは新規顧客への提案、独自ルートでのレトロフィットのベースとなる中古機の調達や販売業務を担う。ほかにも水素エネルギーの利活用など、政府が表明した2050年までのカーボンニュートラル（温室効果ガス排出の実質ゼロ）への貢献に向けて研究開発を促進する。

▶会社概要

創業年月：2020（令和2）年6月
所在地：石川県羽咋郡志賀町徳田甲の1番地
電話/FAX：0767-37-2132／0767-37-1125
資本金：100万円
従業員数：3人
事業内容：木材脱水装置や害獣処理装置、不燃ボードなどの研究開発・製造など木材活用のトータルソリューション

URL：http://www.hidaka.gr.jp/

CFRPで新たなモノづくりを提案

メタルニクス株式会社

メタルニクスは中島特殊鋼のグループ会社で、炭素繊維強化プラスチック（CFRP）加工や工作機械のリニアレールを固定する偏芯ボルトを手がける。CFRP加工はウオータージェットによる切断加工に2020年に参入したばかりだが、加工ノウハウを蓄積し、今後は熱押プレス成形加工などに範囲を拡大する方針。偏芯ボルトは左右非対称の形状で偏芯となり、締め付けると横方向にトルクが発生して締め付け力が働く。直道レールに穴を開けずに側面から簡単に固定できるため顧客から高い評価を得ている。偏芯ボルトのほか盗難防止用のセキュリティーロック

●社是・企業理念

- 社員全員で品質、安全、環境を守り、お客様、取引先様、そして社会への期待に応えられる企業で在り続けます。
- お客様には誠意を持って奉仕し、信用を第一義とする。
- 一心一体の運営をしてより良い職場を築こう。
- 心身を健全に保って常にファイトある人になろう。
- 安全第一、安全運転を心がけよう。

代表取締役社長
中島　利一 氏

ナット、共回り防止のリターンロックボルトも手がける。これらで工作機械メーカーなどを顧客とする強固な事業基盤を築きつつ、今後の需要増が見込めるCFRPで顧客層を広げ、有望な材料を手がける企業として飛躍を目指す。

●CFRPの加工ノウハウを蓄積

CFRPは比重が鉄の約4分の1、アルミニウムの約2分の1と軽いうえ、引っ張り強度は鉄の約10倍と強い。硬さや比弾性率は鉄の7倍以上。耐熱性に優れ、錆びないという特性もある。

優れた特性の多い炭素繊維は日本の繊維メーカーが高い製造技術を持ち、世界の約7割を生産する。ただ欧米や中国を中心に活用され、日本の使用量は17％程度に過ぎない。中島利一社長は「CFRPは社会に役立つ材料。新しいモノづくりには新しい材料が必要だ」と強調、発信力を高めてCFRPの認知度を高める考え。

中島社長はボーイングやエアバスなど航空機メーカーの工場を見学し、CFRPが使われる現場を見ながらCFRPを勉強してき

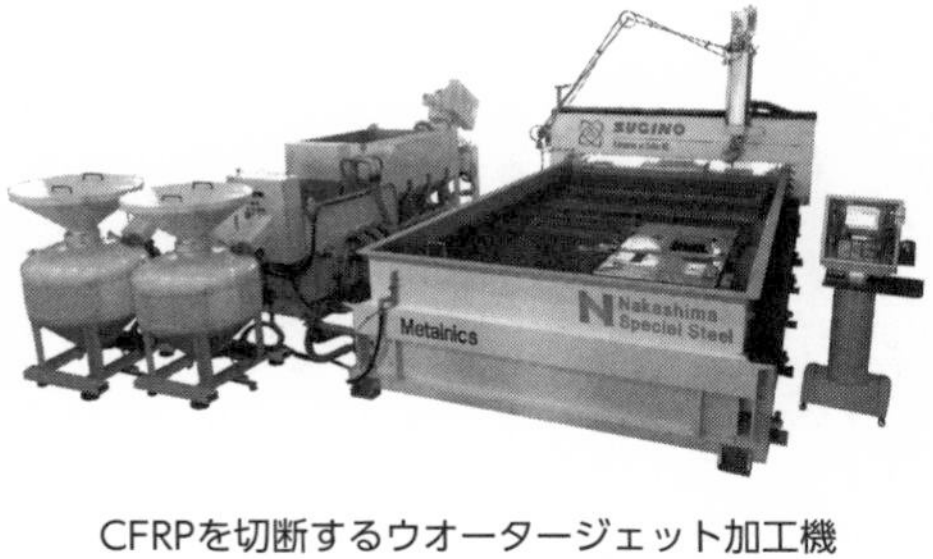

CFRPを切断するウオータージェット加工機

EV・ドローン・航空機用炭素繊維ボルト

た。また岐阜県が航空宇宙産業の拠点化を目指すために中小企業向けに開いたワークショップ形式の勉強会に通い、CFRPの材質や加工法、検査手法などを学んだ。「軽くて強い材料の新しい使い方を提案してイノベーションにつなげたい」（中島社長）と意気込む。

自動車、航空機以外に拡大へ

同社の水圧と研磨剤を用いたウオータージェット加工では、最大の大きさが縦2×横4メートル、厚さ170ミリメートル程度のものを切断できる。現在自動車部品やロボット部品、生活用品、建築材料向けなどで加工を請け負い、ノウハウを蓄積している。

CFRPの採用が進んでいる自動車や航空機関連以外での用途拡大を図る。産業用ロボットのアーム、風力発電機、医療機器のほか、ゴルフクラブやラケット、釣り竿といったスポーツ・レジャー用品などでの需要を見込む。「たくさんの人が絡めば発展するし、たくさん使ってもらえばコストが下がる」（同）という狙いもある。

ＣＦＲＰをより普及させてコスト削減につなげるためにも、シーズとニーズをマッチングするプラットフォームの構築を目指している。公的研究機関や産業機械メーカー、炭素繊維金型メーカー、加工会社、ユーザーとなる自動車や航空関連企業などでネットワークを形成、技術開発でも用途開発でも可能性を無限大に広げる考え。

また加工技術だけでなくリサイクル技術が進展すれば普及加速につながることが見込まれる。このため同社も加工後の端材などを回収し、リサイクル業者に運搬する事業も行っている。

欧州で自動車部品メーカーの提案力が強い現場などを見てきた中島社長は「日本は参入障壁が高い」（同）とするものの、ＣＦＲＰを核にさまざまな業界とつながることを目指す。「コロナ後にエンジンを吹かす」（同）と虎視眈々とチャンスを狙っている。

▶会社概要

創業年月：2013（平成 25）年 4 月
所 在 地：愛知県大府市北崎町遠山 212
電話 /FAX：0562-48-1777／0562-48-1778
資 本 金：1000 万円
従業員数：4 人（2021 年 1 月現在）
事業内容：CFRP 切断加工、特殊鋼を用いた偏芯ボルト、ロックボルト、ロックナットの販売

URL：http：//www.metalnics.com/

モノづくり中部 技術・技能自慢2021年版　NDC335

2021年3月31日　初版1刷発行　（定価はカバーに表示されております。）

発行者　井　水　治　博

発行所　日　刊　工　業　新　聞　社

〒103-8548　東京都中央区日本橋小網町14-1

電　話　書籍編集部　03-5644-7490

販売・管理部　03-5644-7410

FAX　03-5644-7400

振替口座　00190-2-186076

URL　https://pub.nikkan.co.jp/

e-mail　info@media.nikkan.co.jp

印刷／製本　新日本印刷(株)

ISBN 978-4-526-08133-0　C3034